Zhongguo Wenhua
Zhishi Duben

中国文化知识读本

主编 金开诚

编著 于元

古代火器

吉林出版集团有限责任公司
吉林文史出版社

图书在版编目（CIP）数据

古代火器 / 于元编著 .—长春：吉林出版集团有
限责任公司：吉林文史出版社，2009.12（2022.1 重印）
（中国文化知识读本）
ISBN 978-7-5463-1545-4

Ⅰ.①古… Ⅱ.①于… Ⅲ.①武器－军事史－中国－
古代 Ⅳ.① E92-092

中国版本图书馆 CIP 数据核字（2009）第 222496 号

古代火器

GUDAI HUOQI

主编/ 金开诚 编著/于元
项目负责/崔博华 责任编辑/曹恒 崔博华
责任校对/王明智 装帧设计/李岩冰 刘冬梅
出版发行/吉林文史出版社 吉林出版集团有限责任公司
地址/长春市人民大街4646号 邮编/130021
电话/0431-86037503 传真/0431-86037589
印刷/三河市金兆印刷装订有限公司
版次/2009 年 12 月第 1 版 2022 年 1 月第 5 次印刷
开本/650mm×960mm 1/16
印张/8 字数/30千
书号/ISBN 978-7-5463-1545-4
定价/34.80元

关于《中国文化知识读本》

文化是一种社会现象，是人类物质文明和精神文明有机融合的产物；同时又是一种历史现象，是社会的历史沉积。当今世界，随着经济全球化进程的加快，人们也越来越重视本民族的文化。我们只有加强对本民族文化的继承和创新，才能更好地弘扬民族精神，增强民族凝聚力。历史经验告诉我们，任何一个民族要想屹立于世界民族之林，必须具有自尊、自信、自强的民族意识。文化是维系一个民族生存和发展的强大动力。一个民族的存在依赖文化，文化的解体就是一个民族的消亡。

随着我国综合国力的日益强大，广大民众对重塑民族自尊心和自豪感的愿望日益迫切。作为民族大家庭中的一员，将源远流长、博大精深的中国文化继承并传播给广大群众，特别是青年一代，是我们出版人义不容辞的责任。

《中国文化知识读本》是由吉林出版集团有限责任公司和吉林文史出版社组织国内知名专家学者编写的一套旨在传播中华五千年优秀传统文化，提高全民文化修养的大型知识读本。该书在深入挖掘和整理中华优秀传统文化成果的同时，结合社会发展，注入了时代精神。书中优美生动的文字、简明通俗的语言、图文并茂的形式，把中国文化中的物态文化、制度文化、行为文化、精神文化等知识要点全面展示给读者。点点滴滴的文化知识仿佛繁星，组成了灿烂辉煌的中国文化的天穹。

希望本书能为弘扬中华五千年优秀传统文化、增强各民族团结、构建社会主义和谐社会尽一份绵薄之力，也坚信我们的中华民族一定能够早日实现伟大复兴！

目录

一

略谈火药和火器

炼丹炉

　　远在古代，炼丹家为了炼出长生不老之药，不断地探索，不断地烧炼。经过不知多少次的反复试验，炼丹家终于获得了包括硝、硫磺、炭等三种材料在内的配方，一心想用这个配方制出长生不老之药。按照这个配方制出的药极易燃烧，被称为"火药"，也就是"能着火的药"。

　　炼丹家高兴了没多久，就再也笑不出声来了。事实证明，辛辛苦苦研制出来的这种火药并不能令人长生不老。这种能够着火的药虽然不能令人延年益寿，却可以治病。《本草纲目》中说火药能治疮癣，能杀虫，还能驱除湿气和瘟疫。

　　炼丹家渐渐对不能令人长生不老的火药失去了兴趣，而军事家对它却兴趣盎然。军事家将火药配方的比例略加改进，便制造出既能燃烧又能爆炸的威力巨大的黑色火药。这样，军事家终于笑到了最后。

　　黑色火药是中国古代四大发明之一，可用于开矿、建筑爆破和战争。

　　火药是我国古代劳动人民、药物学家、医学家、炼丹家经过几百年甚至上千年的努力探索所取得的丰硕成果，也是我们中华民族对世界的巨大贡献之一。

　　火药最早用于军事是在唐哀帝天祐元

炼丹士炼出的金丹被军事家所使用

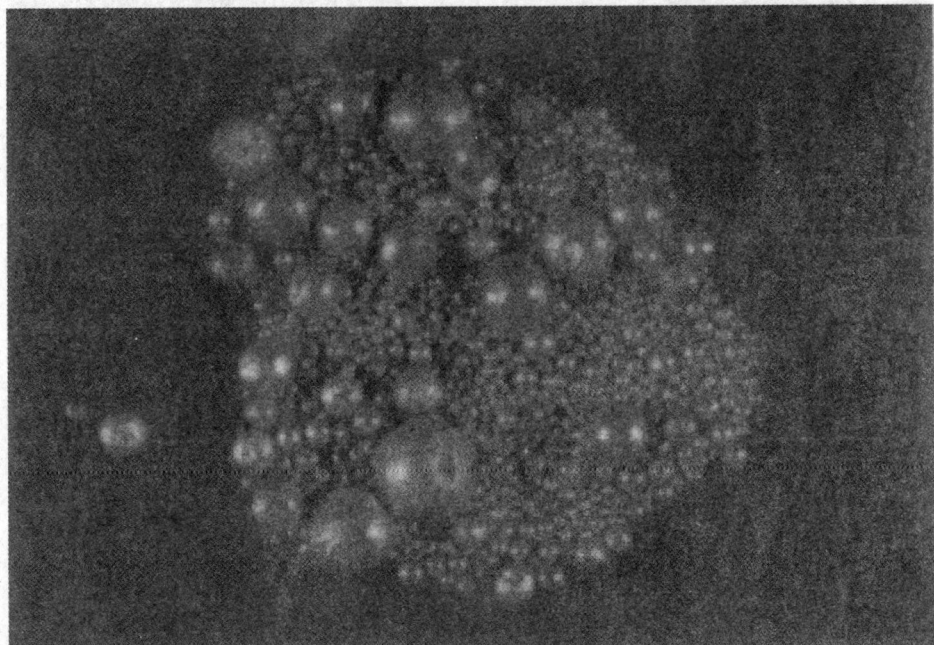

略谈火药和火器

黄慎作《仙炼丹图》

年（904年）的豫章（今江西省南昌市）之战中。据宋代路振《九国志》记载，杨行密的军队在攻豫章城时，将火药捆在箭镞上射向城中，同时还用纸包裹着火药等易燃品制成球状物，用抛石机向城中抛掷。这些火箭和火球在城中燃起了熊熊烈火，焚毁了龙沙门。

这是世界火器的序曲。从此，一支惊心动魄的火器交响曲在中国奏响了。

二　中国古代火器的分类

我国古代火器共分三类，即枪类、炮类和其他类。

（一）枪

　　枪是口径与重量比较小、能够手持作战的管形火器。

　　十眼铳，单兵单管铳，管用熟铁打造，10节，口径10厘米，每节一发，可以发射十次。重15斤，长5尺，中间1尺为实体，两头各长2尺为管，每头平分5节，每节长4寸，有箍一道，火门一个，每节装火药和铅弹一枚。用时先点一头，依次发射，然后掉头再发射另一头。

　　手铳，元末明初对火铳的一种分类，因形体较轻，口径较小，可在后面装木柄，手持使用，

虎门炮台博物馆内的火枪

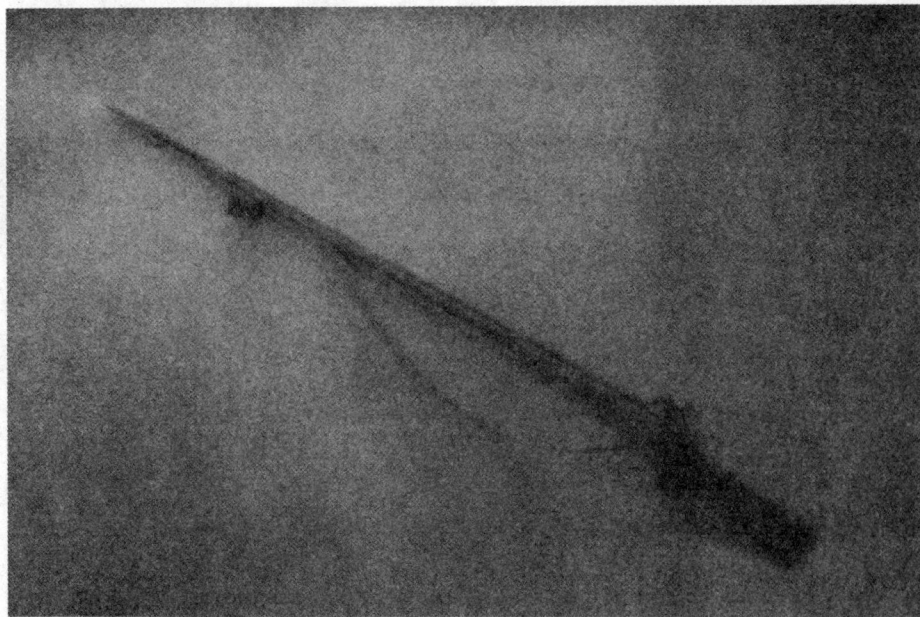

古代火器

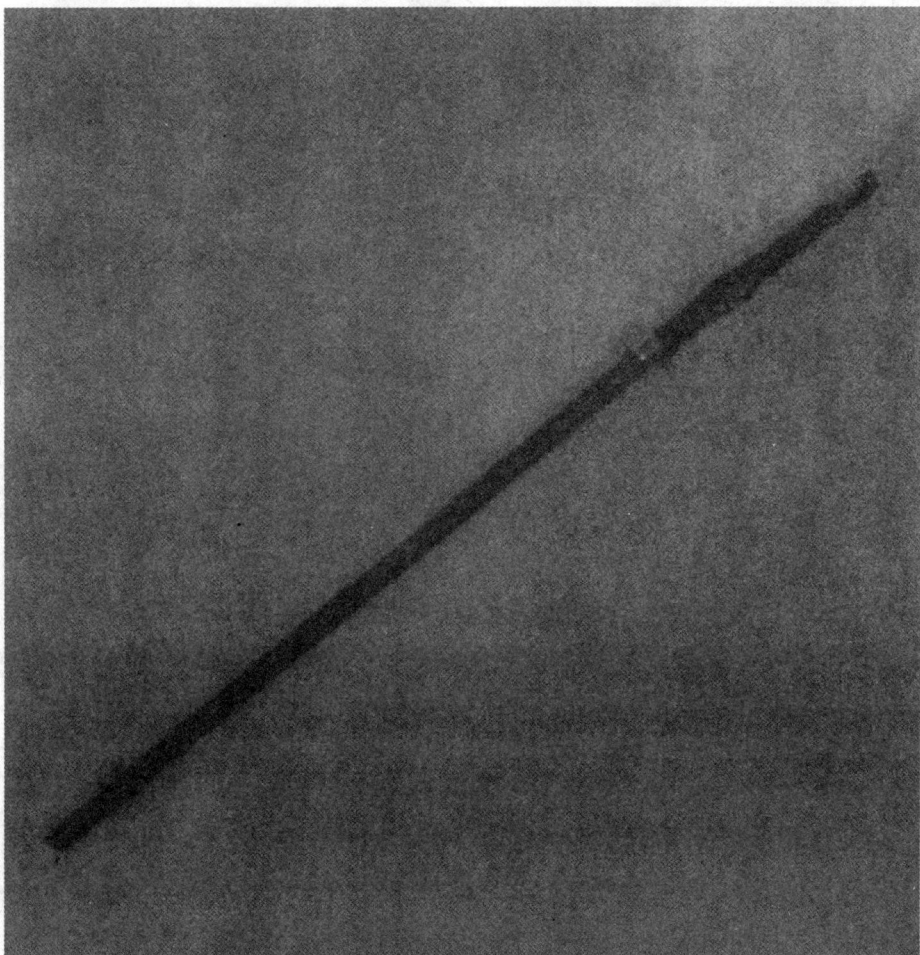

故称手铳。属火门式火器，可以看作是近世
火枪与现今各式枪械的前身。

　　火铳，单发步枪。长 43.5 厘米，口径 3
厘米，二人一组发射，一人负责支架和瞄准，
一人负责点火射击，射程 180 米。这是明代
制式的早期轻型火器，铸造精良、设计精巧，
和元朝的火铳比较，所需火药大大减少。明

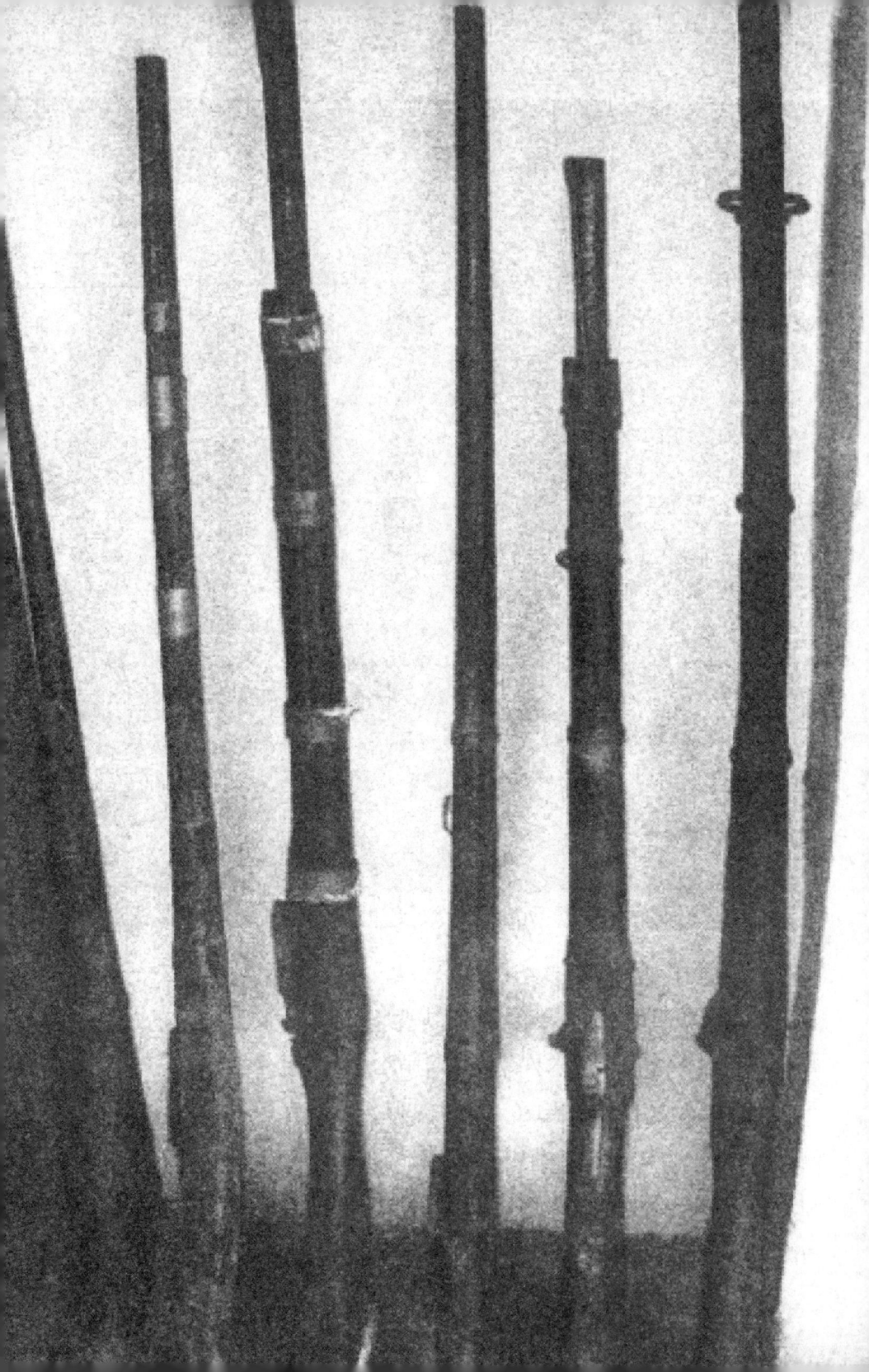

代时曾作为标准武器，生产九万多支。

拐子铳是四连发手枪，是带有曲柄的连发火绳，长 37.5 厘米，装填方式类似佛朗机，射程 150 米。明朝称之为"万胜佛朗机"。

抬枪，是一种中国独有的武器，早在鸦片战争时清军就已大量装备，分前装滑膛、前装线膛及后装线膛等数种。其结构原理与同类的步枪和马枪相同，只是尺寸、重量、装药量、威力、后坐力等比步枪和马枪为大。19 世纪 60 年代以前生产的抬枪为前装滑膛，散装黑药，用火绳点火。19 世纪 60 年代后，开始仿照英、法、德、美等国，制造出各种类型的有击发机构的前装和后装抬枪。抬枪品种繁杂，如江南制造局所造抬枪口径为 15.9 毫米，枪长 2445 毫米，全重 13.2 公斤，铅子重 231 克；山西机器局所造抬枪口径为 25 毫米，枪长 2200 毫米；湖南机器局所造抬枪长 2032 毫米，铅子全重 52.2 克；陕西机器局所造抬枪口径为 41.3 毫米，枪长 1588 毫米，净重 14.14 公斤。

三眼铳，3 管单兵手铳，由 3 支单铳绕柄平行箍合而成，成品字型，各有突起

城楼上的火炮

古代火枪

外缘，共用一个尾部。单铳口径 15 毫米，全长 350 至 450 毫米。三铳都有药室和火门，可以连射，构成密集火力，有利于压制行动迅速的骑兵。射击后，还可以当做铁锤打击敌人。

鸟枪，新式步枪，并非打鸟之用，而是表示轻捷如鸟也难以逃脱，已经接近现代步枪，是用和倭寇交战中缴获的倭寇火枪改进仿制而成的。射程 150 米，雨天不能使用。

（二）炮

炮是口径与重量比较大、需要放在各种炮架与车辆上发射的管形火器。

虎蹲炮，戚家军装备的火炮。为了便于射

古代火器

击，将炮制成一个固定的形式，很像猛虎蹲坐的样子，故得此名。此炮适于在山岳、森林和水田等有碍大炮机动的战斗地域。首尾各 2 尺长，周身加 7 道加固箍。炮头由两只铁爪架起，另有铁绊，全重 36 斤。发射之前，用大铁钉将炮身固定于地面。每次发射可装填 5 钱重的小铅子或小石子 100 枚，上面用一个重 30 两的大铅弹或大石弹压顶。发射时大小子弹齐飞出去，炮声如雷，杀伤力及辐射范围很大，特别适用于野战，轰击密集的作战队形，可有效地控制敌人疯狂的进攻。在抗倭战争中，戚继光的军队每 500 人装备 3 门虎蹲炮。

古代火炮

中国古代火器的分类

佛朗机大炮，是利用欧洲技术制造的大型后装火炮，是使用带炮弹壳的开花炮弹。明朝时佛郎机大炮与红夷大炮一样，是 16 世纪初从葡萄牙人那里传来的。在明代，"佛郎机"指当时的葡萄牙和西班牙。最初，葡萄牙人的一艘战舰在澳门外海与明朝水师发生冲突，后被明军俘虏。战斗中，明军吃了佛郎机大炮的亏，因此一上岸就向朝廷请旨仿造。明朝称仿造的佛郎机大炮为"子母炮"，因由母铳和子铳构成。母铳身管细长，口径较小，铳身配有准星、照门，能对远距离目标进行瞄准射击。铳身两侧有炮耳，可将铳身置于支架上，并能俯仰调整射击角度。铳身后部较粗，开有长形孔槽，用以装填子铳。子铳类

海口火炮

古代火器

西安古城楼上的古代兵器

似小火铳，每一母铳备有 5 至 9 个子铳，可预先装填好弹药备用，战斗时轮流装入母铳发射，因而提高了发射速度。有效射程为 500 米，45 度仰角发射时射程 1 千米。大型者炮身 250 厘米，中型者 156 厘米，小型者 93 厘米，子炮（炮弹）从后方装入，发射间隔短，发射散弹时一发炮弹带有 500 发子弹，可以封锁 60 米宽的正面，威力惊人。因为后膛装

清朝红衣大炮

弹对铸造技术要求较高，清代时渐渐被淘汰，让位于比较简单的前装武器。

红衣大炮，远程重炮。大型者重1.6吨，炮身寿命长，号称"大将军炮"。明末引进西方"红夷大炮"的技术制造，改称"红衣大炮"，带有炮耳和瞄准具，可以调节射程，射程可达1.9千米。

（三）其他

其他类包括喷火的喷筒类火器、埋在地下引爆的地雷类火器以及各种炸弹、火箭等等。

竹火鹞，用竹条编成篓状，外糊纸张数层，

古代火器

内填火药和小卵石，一段装有干草，点燃后用抛石车抛向敌军。

蒺藜火球，爆炸性火器，外为纸壳，以铁蒺藜为核心，内装火药、六首铁刃，外面周身安插倒须钉，用抛引线抛向目标，烧杀敌军。

猛火油柜，北周年间（578—579 年），开始利用石油的燃烧性能作为武器使用。宋代，产生了火药和石油相结合的喷射燃烧兵器——猛火油柜。猛火油柜由下方装有石油的油柜与上方类似大型注射器的喷管组成，使用时向后拉动喷管尾部的拉拴，使石油被

古代多支火箭齐发器

吸入喷管，在喷管口放置少量火药点燃，向前推动喷管的拉拴，使管中石油向前喷出，并在出口处被点燃。宋军常用它防守城池，焚烧敌军的攻城器械。

一窝蜂，即多支火箭齐发器，一具发射器中带有多支火箭，堪称古代喀秋莎。规格有多种，从3连发的"神机箭"到100连发的"百虎齐奔"，都属于这个范畴。射程300米，连发火箭弥补了普通火箭弹道不稳、命中率低的弱点。

对人杀伤地雷，为我国最早的地雷，源于明代燕王朱棣靖难之役。当时，建文帝的部队在白沟使用这种地雷，给朱棣的军队造成重大损失。

古代火器

使用时，将导火索放入打通的竹竿内，点燃导火索即可引爆地雷。

震天雷，古代单兵手榴弹，弹内有称为"火老鼠"的钩型铁片若干。

霹雳炮毒火球，古代毒气弹，内部除火药外，还有巴豆、狼毒、石灰、沥青、砒霜等物，爆炸时产生毒烟，吸入者口鼻流血而死。

万人敌，大型爆炸燃烧武器，堪称早期烧夷弹。外皮为泥制，重 40 千克，用于守城。为了安全，搬运时一般带有木框箱。

火龙出水，为我国古代水陆两用火箭，是二级火箭的始祖。用纸糊成筒状，外绑第一级火箭，龙头下面和龙尾两侧各装一支附有半斤

古代火炮

中国古代火器的分类

陈列的古炮

火药桶的火箭，四个火箭引信汇总在一起，与火龙腹内火箭引信相连。水战时，面对敌舰点燃安装在龙身上的四支火药筒，这是第一级火箭，能推动火龙飞行二三里远。第一级火箭燃完后会自动引燃龙腹内的第二级火箭。这时，从龙口里射出数只火箭，直达敌舰。

神火飞鸦，外型如乌鸦，用细竹或芦苇编成，内部填充火药，鸦身两侧各装两支药筒，其底部和鸦身内的火药用药线相连。作战时，用药筒的推力将飞鸦射至100丈开外。飞鸦落地时内部装的火药被点燃爆炸，宛如今日的火箭弹。

三　中国古代火器史

胡里山炮台

（一）唐宋火器

火药发明后，很快就被用于战争之中了。从目前的史料来看，中国最早使用火药武器是在唐昭宗天祐元年（904年）。当时，地方割据势力在互相攻伐中，杨行密的部将曾使用"飞火"攻城。"飞火"就是在箭杆上绑一个火药团，点燃引信后射出去。这种火器虽然简单，但已经是名副其实的火器了。

建隆元年（960年），宋太祖赵匡胤建立北宋。经过多年征战，到他弟弟宋太宗赵炅在位时，才结束了唐帝国灭亡之后的长期分裂局面。接着，宋朝又和辽、西夏等国发生了长期战争，交战双方互有胜负。

在这烽烟四起的年代里，火器制造和生产成为迫切需要，被提到日程上，很快便一步步地发展起来。火球与火箭是北宋初期创制的两类初级火器。

北宋朝廷为了进行统一战争和反侵略战争，建立了一个以东京汴梁（今河南省开封市）为中心、遍布全国各州的兵器制造系统。北宋初年，在汴梁设立了造兵工署，集中了近万名工匠，让他们终身为兵器制造服务。朝廷对火器研制者实行奖励政策，

因而屡有火器被发明出来。在朝廷奖励政策的鼓舞下，汴梁一些将领开始试制火器，京外一些地方驻军的将领也竞相效仿。

火球是用火药制成的一种用抛石机抛至对方阵地引起燃烧的火器，火药成分除硝石、硫磺、木炭之外，还有可燃性物质，如竹茹、麻茹、桐油、小油、黄蜡、沥青等。

宋太祖开宝三年（970年）五月，在兵部主管兵器制造的兵部令史冯继升向朝廷进献了火箭的制造方法。后来，因试验成功，冯继升得到了赏赐。

火箭是北宋时期创制的一种初级火器，与现代火箭不同。这种火箭既可用弓发射，也可

闽江口长门炮台

古代火器

用弩施放。此时的火箭尚未使用火捻，施放时要先点燃火药包的外壳，然后施放。如果扎在敌人的粮草上，火药包的外壳引燃包内的火药后，即能猛烈地燃烧起来。

火箭除了弓弩通用者外，箭身一般都又粗又长，有用三弓斗子弩施放的斗子箭，有用双弓床弩施放的铁羽大凿头箭，有用小合蝉弩施放的大凿头箭等。它们也都在箭头的后部绑着一个火药包，施放方法和燃烧作用同弓弩火箭相似。

宋仁宗天圣元年（1023 年），汴梁已设有专门制造攻城器械的作坊，各作坊都有严格的操作规程，工匠们必须熟记这些

宋代的火器

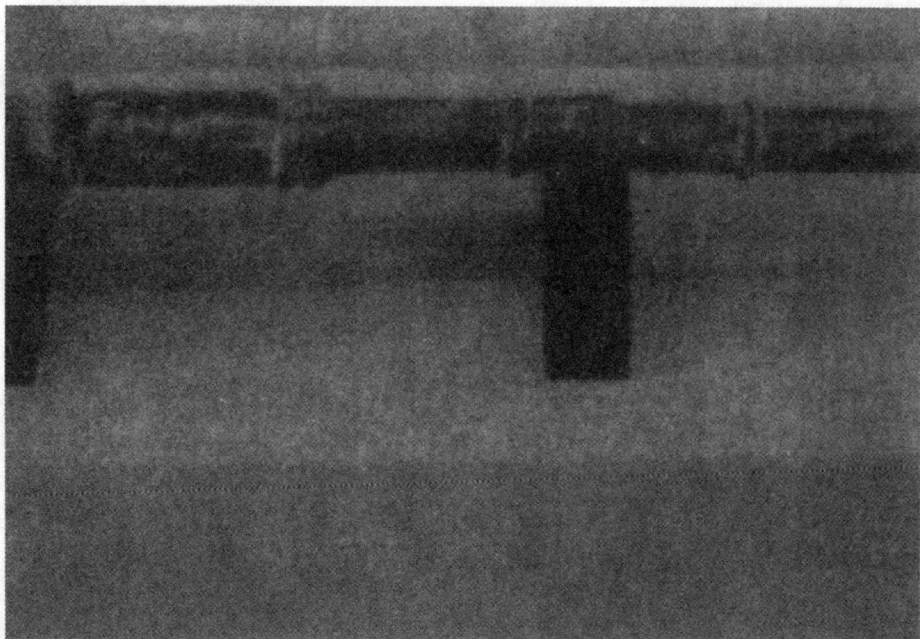

镇海楼古炮

炮台上的火炮

规程，并严禁将制作技术外传。

火器试制成功后，朝廷极为重视，一面下令按照试制的样品加以制造，颁发部队使用；一面组织官员把火器研制的成果编辑成书，供各地学习和使用。

宋仁宗宝元三年（1040年），天章阁待制曾公亮等人着手编写《武经总要》。宋仁宗庆历四年（1044年）《武经总要》编辑成书。此书分前后两集，各二十卷，是我国官修的第一部包容军事技术在内的军事百科全书。此书在第十一卷至第十九卷中介绍了攻防用的火器，书中绘制图形、内容广博，囊括了北宋以前历代先人在军

古代火器

可移动视角的火炮

事各个方面取得的技术成果，完整地记载了火球与火箭两类火器的形制构造与制作方法，从而促进了北宋时期火器的研制。

《武经总要》介绍了八种火球的构造与使用方法，其中有火球、引火球、蒺藜火球、霹雳火球、烟球、毒药烟球、竹火鹞、铁嘴火鹞等。

火球与火箭类火器在使用时有一个共同的特点，都要借助抛石机、弓、弩、弹射装置等冷兵器的机械力才能抛射至敌方，达到烧杀、熏灼等作战目的。它巧妙地发挥了冷兵器的射远作用和火器的燃烧作用，将其结

古炮

合在一起，运用于水陆各种作战中。

　　火球和火箭的使用迈出了火药用于军事的第一步，使传统的作战方式逐渐发生新的变化，为古代兵器划时代的发展作出了杰出的贡献。那时，除了火箭、火球等火器之外，又造出了火罐、火油柜等燃烧性及爆炸性火

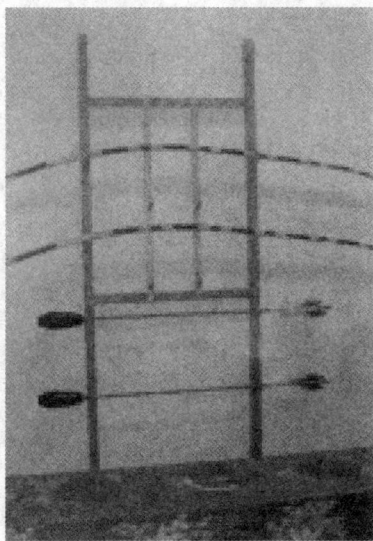

弩

器。火球与火药在宋军抵御外族侵略
的作战中，尤其在守城时曾发挥过重
要的作用。

　　北宋钦宗靖康元年（1126 年）正
月，金军进围汴梁，朝廷派尚书右丞、
东京留守李纲部署战守。他挺身而出，

澳门火炮

下令全军说，如能用弩与火球击中金兵者，有重赏。夜间，宋军纷纷发射霹雳火球打击攻城金军，金军在大火中乱了阵脚，哭喊声一片。火器令金军无可奈何，只好退出战斗。最后，他们向宋廷索要了一大笔金银，割取了一些土地，然后北撤而去。在这次守城战斗中，李纲让当时研制的新式火器发挥了巨大威力。

金军撤围后，从被俘的宋军和工匠那里学会了火器制造与使用方法，立即进行仿制和使用。这年闰十一月初，金军兵分东西两路，第二次进攻汴梁。攻城时，金军除用人梯、鹅车洞子、撞杆、钩杆及各种抛石机外，还用上了火球、火箭等火器。

主战的宋军统领姚仲友，向朝廷建议挑选壮士三百人，每人发火箭二十支，普通箭五十支，火盆若干，盆内放烧锥十个，以备点火。待四更金军熟睡时，击鼓为号，点火射箭，焚烧金军。与此同时，组织

澳门炮台

中国古代火器史

火炮

五百名骁勇兵卒，每人发给二十支火箭，各种火球若干，待金军攻城时，先是火箭齐发，然后用蒺藜火球猛击金兵，最后再以普通箭射敌。如此，金军必败无疑。不幸的是，他的建议没有被采纳，宋军拥有的火器优势未能发挥。

和宋军相反，金军在进攻汴梁时，充分发挥了火箭、火球等火器的威力。他们先在城外筑高台观察城中情况，然后发射火球焚烧城墙上的塔楼。金军火球如雨，于当月二十五日攻破汴梁。宋朝君臣都做了俘虏，北宋从此灭亡了。

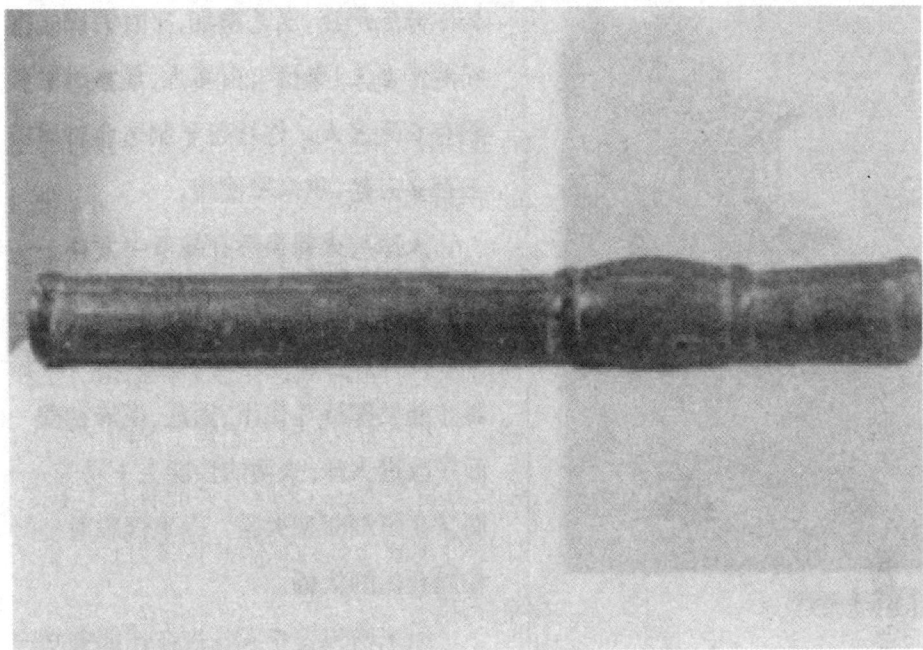

　　宋金大战充分说明了火器的威力，为以后扩大火器的使用范围、创制新型火器提供了经验。

　　随着时代的发展，管形火器诞生了。管形火器是一种将火药放入管子里面发射的武器。

　　北宋灭亡后，康王赵构于建炎元年（1127年）建立南宋，占据南方半壁江山，与北方的金国南北对峙。南北双方矛盾尖锐、时有冲突。参战双方力求用最先进的技术大量制造火器，并研制新型火器。

　　宋朝南迁时，北方居民也离开故土，大量南移。不久，他们使江南的农业、手工业和科

山海关老龙头火炮

学技术都大大提高了。不久，南宋都城临安变成全国最大的工商业城市，聚集了具有各种技艺的工匠与专门人才，拥有发达的军器制造业。

临安的军器手工业以开封迁来的军器手工业为基础，建立了御前军器所，辖有规模巨大的军器制造作坊。作坊中分工严密，工艺精细，平时有固定工匠两千多人、杂役五百多人，最多时总共能有五千多人。作坊每年制造各种军器三百多万件，供宋军使用。

火球与火箭虽然在战争中发挥了一定的作用，但仍然存在使用不便的短处。它们大多需要借助弓弩和抛石机等冷兵器才能发挥战斗作用。因此，南宋初期一面在改进火球、火箭的性能上下功夫；一面又在研制新型火器，以求摆脱对弓弩和抛石机的依赖。

山东密州安丘人陈规在任德安知府时，制成了世界上第一支管形火器，人称竹竿火枪。这种火枪用竹筒制成，作战时点燃竹筒里的火药，喷出火焰，射向敌人。

陈规力主抗金，在德安加强城防，全力备战，准备迎敌。有一天，一股被金军

西安城墙上的古代兵器

打败沦为匪盗的宋军前来进犯。因陈规未雨绸缪，德安固若金汤，匪首李横久攻不下。李横眉头一皱，计上心来，忙招募工匠造了一个大型攻城掩体——天桥。这个天桥高 3.5 丈，阔 2 丈，底盘长 6 丈，靠 6 根巨型脚柱支撑于地。桥身分三层，正面、两侧和顶部都用牛皮和厚毡子蒙好，以防矢石。李横有了天桥，以为必胜无疑，狂妄地令部下将天桥推到德安城下，鼓噪攻城。坚守德安的陈规事先早已多方备战，立即亮出他的拿手武器——竹竿火枪。顿时，一片火海从天而降，淹没了天桥。李横率匪众狼狈逃命，陈规取得了胜利。

竹竿火枪又粗又长，需要三人使用一支。作战时一人持枪，一人点放，一人辅助。枪内装填火药，燃速快，火力大。由于枪身又粗又长，装药多，能对准目标进行较长时间的集中持续喷射，既能很快使目标燃烧，又能使火焰迅速蔓延，因此能将巨大的天桥烧毁。

竹竿火枪比火球、火箭有很大改进，立即被推广到各地，用于攻守。为此，陈规成了世界上最早创制和使用管形火器的军事技术家。这种火枪在现在看来实在是太简单了，但因为它可以让人准确地掌握和控制火药的起爆时间，所以在人类使用火药的历史上是一个巨大的飞跃，其意义是十分重大的。

北方的金国人也发明了类似的火器，用多层厚纸卷成圆筒来替代竹筒。

这些火器都是喷射火焰的，枪管喷出的火焰不会太远。要想远距离杀敌，就必须造出能够发射弹丸的枪支来。

南宋理宗开庆元年（1259 年），与北方接壤的寿春军民制出了世界上最早的可以发射弹丸的枪，人称"突火枪"，发射

西安火炮

中国古代火器史

天津大沽炮台

的弹丸称"子窠"。作战时，点燃枪管里的火药，利用火药迅速燃烧产生的气体膨胀力推动弹丸射向目标。突火枪同样用竹管制成，而它所发射的子窠最初是用石头制成的。

后来，人们不断研制，终于造出了火铳。火铳是利用金属管发射弹丸的火器，初见于宋元之交，是现代枪炮的祖先。过去，学术界普遍认为火铳最早出现于元代，中国人民革命军事博物馆收藏的元文宗至顺三年（1332 年）制造的铜火铳被定为现存世界上最早的金属管形火铳实物。然而，1980 年 5 月，甘肃武威针织厂出土的西夏铜火铳推翻了这一说法。这就是

古代火器

说，火铳最早出现在与西夏同时的宋代。

西夏铜火铳，长 100 厘米，内径 12 厘米，重 108.5 公斤，由前膛、药室、尾銎三部分构成。前膛呈直筒装，长 46.8 厘米，膛体铸加固箍；药室呈椭圆形，上有 0.2 厘米的引火孔；尾銎中空，呈喇叭状，两侧各有一个对称的方形拴口，用以固定铳体。药室内尚存直径 0.9 厘米的铁弹丸 1 枚、黑火药 0.1 公斤，表明它是实用兵器。

西夏铜火铳是我国现在发现的最早的金属管形火器，对研究古代军事史和兵器史具有十分重要的价值。用金属管形火器发射金属弹丸，标志着我国古代火器应用

四川乐山大佛九顶山古炮台

渐趋成熟了。

突火枪的坚固程度不如金属，枪筒大多容易烧蚀、焚毁或炸裂。如果使用火药的数量较多，性能较好，那么燃烧后产生的膛压必然增大，很可能在发射一两次之后，枪筒就损坏了。而金属火铳铳管熔点高，耐烧蚀，抗压力强，不易炸裂，能够适应因火药性能改良和装药量增多而增加的膛压。一支火铳能够使用多次而不用更换，使用寿命大为延长。

不久，火炮也出现了。金属管形火器有大、中、小之分，大型的要安置在架子上发射，这就是炮。

（二）元代火器

胡里山炮台

古代火器

一代天骄成吉思汗很重视火器。忽必烈在大都建立元朝后，十分关心火器生产。在南宋和金朝火器的基础上，元朝火器又有较大的发展。当时，元朝火器无论是质量还是数量都是世界第一。

元朝初年，伯颜率军进攻沙洋，用火炮烧城，烟焰冲天，城中民舍几乎夷为平地。

元代铜炮铸造得越来越好，和金代火炮比起来，进步之大是很明显的。

如元至顺铜火铳，发现于北京房山云居寺，现藏于国家博物馆。此火铳铸造于元文宗至顺三年（1332年），长35.3厘米，口径10.5厘米，尾部口径7.7厘米，重6.94千克。铳身阴刻"至顺三年二月十四日，绥边讨寇军，第三百号马山"二十字。

元顺帝至正十一年（1351年），铸造的铜火铳长43.5厘米，口径3厘米，重4.75千克，是一种用于射击的管状火器。

还有一种燃烧火器叫"没奈何"，用芦席围成一圈，径5尺，长7尺，外糊布纸，用丝麻缠紧，内贮火药捻子及火器，用竹竿挑于桅上。接近敌船时，点燃火线后，用刀砍断悬索，使"没奈何"落在敌

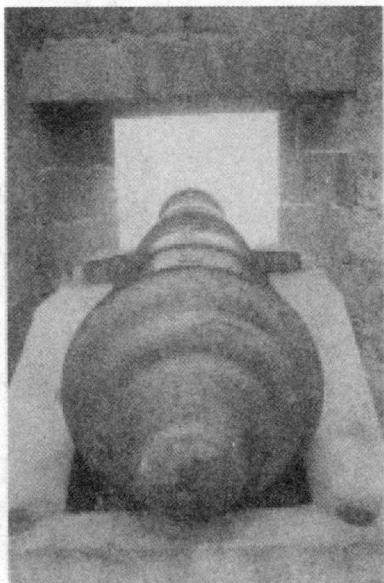

炮台

西安魁星楼火炮

船上。一眨眼功夫，火器便会爆炸，使敌船葬身火海。

另有一种可以投掷的爆炸性武器，近似金人的震天雷，其状如碗，顶上有一小孔，仅能容下手指。火发炮裂，碎铁块飞向四面八方，能击毙远处人马。

元朝在溧阳、扬州等处设有规模很大的炮库，专门制造火药火器。元顺帝至正十四年（1354年），元廷在上都组建了一支以"什"（十人为"什"）、"伍"

古代火器

（五人为"伍"）为建制的部队，该部队装备了火铳。元顺帝至正十九年（1359年），天下大乱，群雄并起，朱元璋与张士诚在江南争霸。双方在绍兴交战时，朱元璋的部队曾使用铁弹丸火铳射击藏在城内的敌人。元顺帝至正二十六年（1366年），爆发了平江（今江苏苏州）攻防战。朱元璋派遣军队围攻平江城里张士诚的队伍时，动用火炮轰击城池，取得了胜利。

明朝建立后，火器彻底取代抛石机，古老的抛石机终于退出了战争舞台。

（三）明代火器

明太祖朱元璋重视火器，下令大量生产火器。

西安古炮台

古代火炮所用的弹药

明代种类繁多的火器不但可以攻坚，还可以用于防御及野战。朱元璋曾铸造铁炮，以减轻百姓负担。

明代铁炮，炮身长约 100 厘米，口径 21 厘米，尾长 10 厘米。炮为长条形直筒状，炮口不再像盏口炮及碗口炮那样呈喇叭状敞开，因此比盏口炮及碗口炮的膛压要大，射程更远。为防爆膛，炮管外面有四道加固箍。两侧各有一根炮轴，方便运输。炮型类似于将军炮。元代火炮多用铜制造，后来改用铁制，古代最先使用铁炮的是朱元璋。就成本而言，铁炮比铜炮要便宜一半。

明军无论是陆军还是水师，都装备了大批火器，还成立了专业的火器部队。明代中期，使用火器的军人在军队编制中的比例已从明初的百分之十发展到三分之一左右。明代中后期，明军中有的步兵营使用火器的军人已占编制的百分之五十了。

民族英雄戚继光不但是一员虎将，还是一位心灵手巧的火器发明家。在北方边疆镇守时，为防蒙古军队进犯，戚继光曾发明大口径左轮枪——五雷神机。这是世界上最早的左轮枪，有三眼、五眼、七眼各种规格。使用时二人一组，一人支架，转动枪管，一人瞄准射击，射程 180 米。

陕西西安城墙上的古代兵器

中国古代火器史

戚继光军中最常用的火器——虎蹲炮是世界上最早的迫击炮。这种轻便的火炮适用于山地作战，机动灵活。由于前装，可以大仰角发射，与今天的迫击炮有异曲同工之妙。

万历八年（1580 年）四月，戚继光正担任镇守蓟州、永平、山海等处的总兵官，已是独镇一方、统兵十多万的大帅了，但他仍然亲自研究和改进武器。这年，他发明了"钢轮发火地雷"，是标准的踏发地雷，也叫"自犯钢轮火"。这就是世界上最早的地雷，比欧洲人发明地雷大约要早三百年左右。这是埋在地下、不用人工点燃、让敌人自己踏上就会自动爆炸的新式杀伤武器。它的主要机

弩和火器

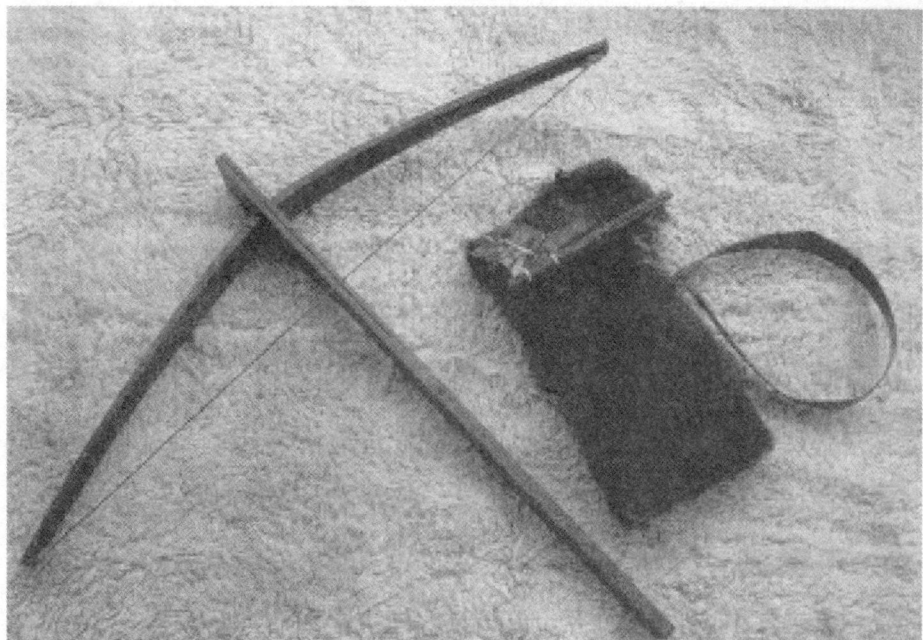

古代火器

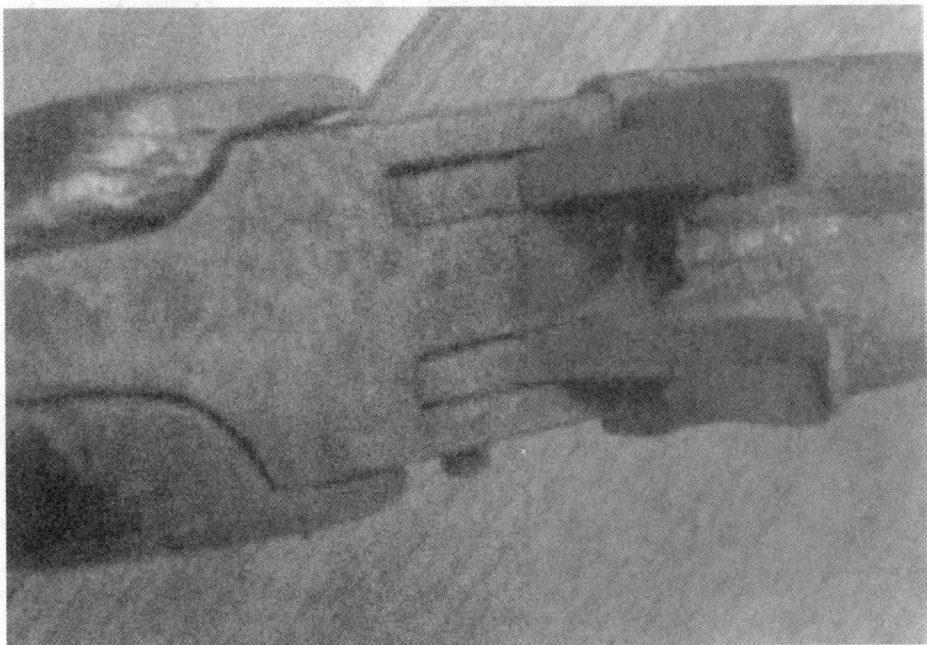

古代铁枪局部

关在会转的钢轮上，钢轮紧靠火石，下面连着药线，一旦钢轮转动摩擦火石，会打出火花引燃药线，地雷就爆炸了。

鸟铳是当时一种新式步枪，并非打鸟之用，而是表示轻捷如箭的鸟也难以逃脱。这种步枪已经接近现代步枪，戚继光的步兵有40%装备了这种枪。

那时，枪炮等火器有竹制、木制、铜制、铁制等品种，口径从数十毫米到数百毫米不等，长度从数百毫米到数米不等，重量从数斤到数吨不等，发射的弹丸有大有小，有石弹、铁弹、铅弹、铜弹等，射程从数十步到数十里都有。

古代火器

但是，枪炮长期存在难以克服的缺点，如装弹药速度慢、发射程序繁琐、长时间射击枪管会发热等，因此还不能完全取代刀、枪、剑、弓弩等冷兵器，从而形成与冷兵器并用的局面。

欧洲火绳枪在嘉靖年间传入我国后，经过军器局和兵仗局的仿制和改制，得到了广泛应用，并且成为明军装备的主要单兵射击火器。

万历年间，火绳枪的研制又有新的进展，其中火器研制专家赵士桢的成果最为突出。

赵士桢生于嘉靖三十二年（1553 年），在海滨长大。少年时，倭寇横行东南沿海一带，赵士桢一家深受其害。他关心国家命运，注意研究军事及火器技术，常向军事家和名将请教。他毕生致力于军事技术研究，不仅发明了许多具有中国特色的新式火器，还写出了专著。

　　噜密铳是从噜密国（今土耳其）传入我国的一种火绳枪，赵士桢在万历二十五年（1597 年）见到后立即开始仿制，于次年仿制成功，向朝廷进献了成品。噜密铳重 6 至 8 斤，长 6 至 7 尺，铳尾有钢制刀刃，在近战时可作斩马刀用。在形制构造上，噜密铳

古代火枪

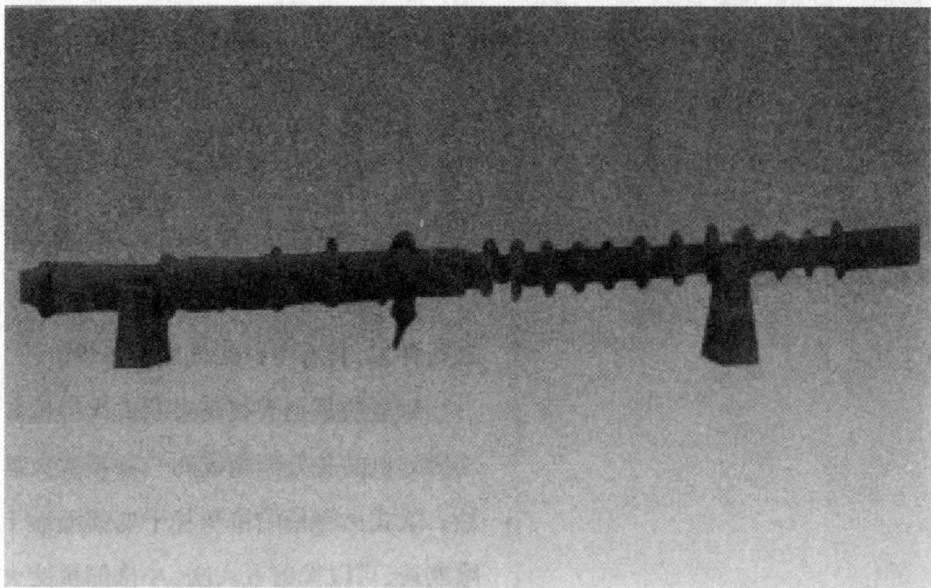

明末农民战争中使用的火炮

与前面所说的鸟铳虽然大致相似，都由铳管、铳床、弯形枪托、龙头和扳机、机轨、瞄准装置构成，但已有不少改进了。噜密铳的扳机和机轨分别用铜和钢片制成，厚如铜钱。龙头与机轨都安于枪把上，并在贴近发机处安置一个长1寸多的小钢片，以增加弹性，使枪机能够握之则落，射毕自行弹起，具有良好的机械回弹性。

掣电铳是赵士桢兼采欧式火绳枪和小佛郎机的长处而制成的一种新式火绳枪。欧式火绳枪的枪身长于鸟铳而短于噜密铳，可以发射五六次。小佛郎机比火绳枪重，虽不便于单兵发射，但它的特点是有子铳。赵士桢改制的掣电铳去掉了二者之短，兼收了二者之长；形似火绳枪，单兵可举而发射；其子铳似小型佛郎机，可轮流发射。掣电铳使用子铳，因此是射速较快的单兵火铳。

明代青铜三眼火铳

北方骑兵用三眼铳，虽能抵御敌骑，但因铳头较重，不灵便，准确性不高。为了克服这些缺点，赵士桢对三眼铳的形制稍作改变，使之便于左手持铳对敌，右手悬刀燃火发射，射毕可以用刀迎敌。

三长铳是赵士桢取三铳之长而改制成的一种单兵铳，即取欧洲火绳枪的轻便而增其威，取噜密铳之快捷而加以巧，取日本鸟铳铳床之便而加以稳，故名三长铳。

赵士桢还创制了许多多管火绳枪，迅雷铳是其代表作。

制造精美的青铜火炮

迅雷铳，单兵多管转火器。吸收鸟铳和三眼铳的优势，铳身上装有五个铳管，每发一枪后转动72度发射另一铳管。五个铳管射毕后，铳身前端可发射火球焚烧敌兵。铳管上配有圆牌作护盾用，射击时支撑铳身的斧子也可在射完后用来防卫。多管铳最大的可以达到18管，使用火绳或者燧石击发。此铳易于携带，便于使用。列队跪射时，火力可无间断。

此外，赵士桢还造出了震叠铳。震叠铳是赵士桢根据倭寇作战特点而设计的一种双管铳。倭寇在作战中见到明军举枪射击时，便立即伏于地上；待明军一发子弹射毕，即一跃而起，冲突而来。为此，赵士桢特地创制了上下双叠铳。一经点火后，此铳

古炮台

先将上铳中的弹丸射出。当倭寇起而冲突时，下
铳弹丸正好射出，将敌击中。倭寇不知此铳特点，
仍按常法作战，结果纷纷丧命。

多管火绳枪是在多管火铳的基础上，利用火
绳点火发射的新型军用枪，设计巧妙，装填方便，
射速快，杀伤威力大。赵士桢所研制的多管火绳
枪与欧洲制造的多管火绳枪同期问世，说明东方
火器研制并不落后于西方。

赵士桢火器研究硕果累累，不愧为我国古代
杰出的火器研制家。他一生辛勤，埋头钻研，是
一位具有献身精神和爱国主义思想的火器专家。
他研制的火器具有鲜明的时代特色，充分体现了
中国人民的聪明才智。他写的《神器谱》书对明

红衣大炮

末清初的火器发展产生了重要的影响。

明军大力发展火器，并从外国引进新技术。

大炮最早发明于中国，随蒙古人西征。传到欧洲后，又融汇了欧人的智慧而得到进一步发展。

红夷大炮在我国火炮发展史上具有重要意义，它是新科技的成果，以口径为基数，按一定比例倍数设计，让精通数理的人铸造；采用模铸法浇铸火炮，使造出的炮没有铸缝，承压力强，射程更远、威力更大，是摧毁城墙的重型利器。

明朝末年，大科学家徐光启从澳门购来一批红夷大炮，在对付后金的战斗中发挥了威力，使屡遭骚扰的边疆得到了暂时的安全。因此，在边防再次告急时，崇祯决定任用洋人造炮，起用了西方传教士汤若望等人。当时朝臣有人反对，甚至说堂堂中国若用外夷小技御敌，岂不贻笑大方。崇祯说大炮本是中国长技，汤若望比不得外夷。崇祯九年（1636年），汤若望负责设计大炮，皇宫太监充当兵工，从事制造。经过反复实验，先铸成大炮20门，每门重1200斤。崇祯皇帝派大臣验收合格后，立即下诏再铸500门。为降低造价，方便

清末红衣大炮

中国古代火器史

携带，又造轻型小炮 500 门，既可在马背上发射，也可扛在两人肩上发射。造炮持续两年，终于完成任务。崇祯皇帝嘉奖汤若望，特赐金匾两块，一旌造炮之功，一颂天主圣教。

大炮的设计与铸造需要各方面的知识，如数学、化学、物理、测绘等。博学多才的汤若望充分施展才能，在火药和火器的采用上，不仅从实践上，还从理论上为中国作出了贡献。

汤若望与焦勖合著的《火功挈要》一书，从理论上叙述了各种火攻方式的使用及效果，还讲述了火炮的构造与操作，对中国兵器的发展起到了一定的作用。

厦门胡里山炮台

古代火器

明朝末年，后金军在宁远败于袁崇焕之后，又相继在宁远、锦州失利。

努尔哈赤在宁远中炮而死，继位的皇太极从中吸取了经验教训。后金部队从明军那里弄到了红夷大炮和工匠，学会了铸造技术，并开始仿制红夷炮。大炮制成后，经过严格训练，培养了一支装备精良的炮兵队伍，作为攻坚主力，用来对付明军。

从此，后金军手中有炮，越战越勇，为入关作战创造了条件，最终夺取了明朝江山。

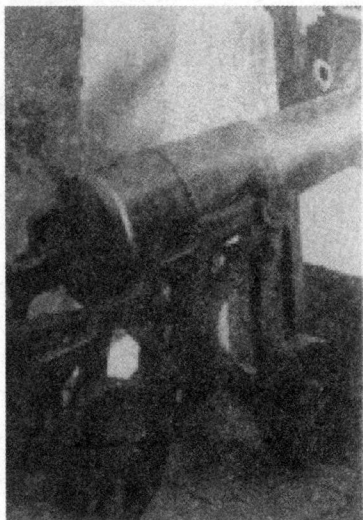

红夷大炮

（四）清代火器

明朝灭亡后，入关清军用红衣大炮攻下潼关、扬州、广州等重镇，消灭了以李自成为首的各路起义军。

不久，吴三桂起兵反清，爆发了"三藩之乱"。因吴三桂叛军盘踞山区，易守难攻，无大炮无法进军，于是南怀仁受命为康熙皇帝铸炮。康熙十四年（1675 年），南怀仁开始铸炮，在平定三藩之乱中立下赫赫战功。

清代由于平叛战争、抵抗外敌侵略和统一中国的需要，康熙年间曾大量制造火炮。仅康熙一朝，清政府制造各类火炮905门。无论在造炮的规模、数量和种类方面，还是在制炮的技术和火炮的性能方面，都达到了清代火炮的最高水平。而传教士南怀仁不辞辛苦，为此作出了巨大贡献。

南怀仁于1623年10月9日生于比利时，18岁时进耶稣学院，任文学和修辞学教师达五年之久。他传教心切，两次从西班牙赴美洲，均未如愿。顺治十四年（1657年），他受派遣来到中国。

虽然西方传教士不愿制造火炮这类杀人利器，但君命难违，不得已勉为其难。南怀仁在三年间制造轻巧木炮及红衣铜炮共132门，康熙二十年（1681年），又制成神威将军炮240门。后来，又制成红衣大炮53门、武成永固大将军炮61门、神功将军炮80门。南怀仁所制火炮，不下566门。

南怀仁所设计的火炮被选入清代《钦定大清会典》的有三种：神威将军炮、武成永固大将军炮、神功将军炮。为表彰南怀仁造炮有功，康熙二十一年四月十日（1682年5月16日），加南怀仁工部右侍郎衔，后又加一级。北京的中国历史博物馆藏有一门南怀仁制造的武成永固大将军炮。

厦门胡里山炮台

古代火器

武成永固大将军炮，为铜炮，重3吨，炮长310厘米，口径12.5厘米。炮身全部铜绿，凸纹镌刻精美，花纹、蕉叶纹、回纹、乳钉纹、莲花纹样样俱全，底部左右有满汉铭文。此炮馆藏两门，是研究古代火炮的最佳素材。

西方工业革命之后，资本主义强国纷纷依靠坚船利炮向外扩张。鸦片战争中，英国一支不足2万人的远征舰队大败拥有4亿人口、200万军队的大清王朝。这一事实强烈刺激了林则徐等一批有识之士。林则徐是中国放眼看世界的第一人，极力主张改革中国的水师，指出"制炮必求极利，造船必求极坚"。为了增强实战能力，林则徐主持整顿

厦门胡里山炮台一景

古代火器

北海公园火炮

了广东水师，派人将从美国商人处购得的
英制 1080 吨的轮船改成战舰，装炮 34 门，
还购买葡萄牙 3000 斤大炮装在大战船上。
林则徐曾上奏朝廷，主张购买、仿造近代
军舰战炮，竟遭到朝野上下的激烈反对，
道光皇帝甚至在林则徐建议造船的奏折上
批道："一片胡言！"结果，残酷的事实

镇海楼古炮上刻有文字

炮台湾湿地

教育了清朝皇帝。

咸丰皇帝被英法等战胜国的条款活活气死，年仅6岁的儿子载淳即位，由咸丰皇帝的弟弟恭亲王主持朝政。恭亲王在满洲权贵中头脑较为清醒，他和曾国藩、李鸿章在遭到一连串战败打击之后，深切体会到武器是决定战争胜负的至关重要的因素，因此对制造先进火器有很高的热情。

在此前后，中国出了一个闻名中外的火器专家——丁守存。

丁守存，山东日照人，道光十五年（1835年）考中进士，担任户部主事，不久又调任军机处章京。

丁守存学识渊博，除精通文史外，还

兼通天文、历数，尤精于火器制造。道光二十三年（1843年），他根据化学实验写成《自来火铳迭法》一书，主要内容是研究雷管起爆装置，极有见地。他用的起爆药是硝酸银，虽然比欧洲晚了十几年，但属于独立研究成果，是中国起爆发展史上的一个重要里程碑。

此后，丁守存又从事手捧雷、地雷等新式火器的研制。他得出的有关蒸汽机、火炮、地雷等方面的制造原理与西方学者的原理基本相同。不久，丁守存赴天津监制炮船，制成了自动启爆的地雷和火炮。

咸丰元年（1851年），太平天国起义

丁守存著作

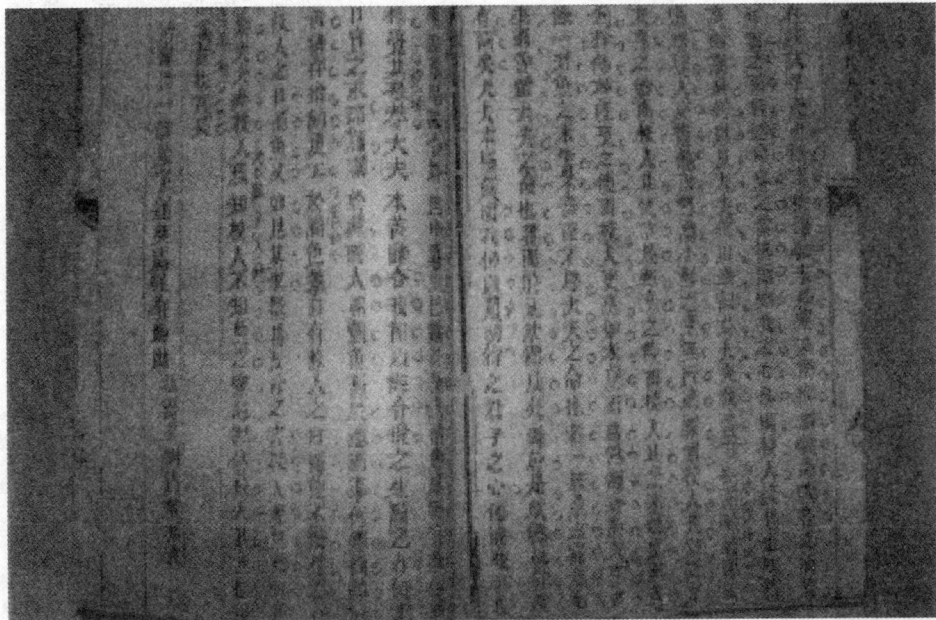

古城红夷大炮

爆发后，咸丰皇帝派赛尚阿为钦差大臣，前往广西镇压。丁守存被赛尚阿调往军营监造地雷、火炮等。丁守存与丁拱辰通力合作，铸造出各种类型的火炮106门，并造出地雷、火箭、火喷筒、抬枪、鸟枪等各式兵器。在此期间，丁守存写成《西洋自来火铳制法》等著作。

咸丰三年（1853年），丁守存随兵部尚书孙瑞珍到山东办理团防，由他负责制造的石雷、石炮杀伤力很大。丁守存在日照开创的堡垒战术受到清廷重视，将他调往直隶，在广平县筑堡二百余所，配置大量石雷、石炮。

丁守存在火器研制方面功劳卓著，被清廷授为湖北督粮道、按察使加布政使衔。

丁守存一生主要著作有《造化究原》《火法本论》《详覆用地雷法》《新火器说》等，对中国火器发展作出了巨大贡献。

清朝末年，为了救国，一些有识之士开展了洋务运动。洋务运动的主要措施有四条：一、向西洋购买军舰大炮；二、中国自己设立工厂制造军舰大炮；三、派遣留学生去西洋各国学习他们制造舰炮的本领；四、将中国对外贸易的关税留下十分之三作为洋务运

四　中国古代著名火器

古代炮台

动的经费。

在火器方面，一些爱国志士已经为赶超世界先进水平努力了。但是，由于尽人皆知的种种历史原因，收效甚微。

四、中国古代著名火器

阿城铜铳，1970 年于黑龙江省阿城县出土，现藏于黑龙江省博物馆。此铳为元代前期铜制火铳，口径 2.8 厘米，全长 34.5 厘米，重 3.55 千克。此铳由前膛、药室和尾銎组成。前膛装填弹丸，铳口铸加固箍，以防弹丸射出时炸裂铳管。药室与前膛相通，用以装填火药，外凸，呈椭圆状，可耐较大膛压。药室上面有一小孔，为火门，火

绳可通过此孔点燃火药。尾銎中空，装上木柄可
以手持，故又称手铳。

元至正神飞铜铳，1957 年由山东省博物馆发
现，现藏于中国人民革命军事博物馆。元顺帝至
正十一年（1351 年）制造，为手铳，口径 3 厘米，
全长 43.5 厘米，膛深 28.9 厘米，重 4.75 千克。
前端镌有"射穿百札，声动九天"八个篆字，中
间镌"神飞"二字，尾部镌"至正辛卯"（至正
十一年）四字，并有"天山"二字。铳呈细长管
状，药室部隆起，共铸有 6 道加固环箍。与元代
前期手铳相比，此铳铸制较为精细，铳管加长，
除铳口和药室部位外，在铳管上也加铸了加固箍，

中国古代著名火器

厦门胡里山炮台

可增大装药量，提高杀伤力。铳尾口缘两侧有两个小孔，以便用铁钉将铳筒与木柄牢固连结。此铳比例匀称，铸造精美，是馆藏古代火器珍品。

元代火铳比宋代突火铳先进得多。突火铳受制造材料的限制，只能根据竹筒大小因材制作，因而大小不一，没有统一规格，铳筒长短参差不齐，不能按统一规格进行批量制造。由于铳筒规格不同，难于把握装药量，影响发射威力和安全：筒大药少会导致发射无力，不能达到预期的杀伤目的；筒小药多会引起枪筒炸裂，伤害发射者。而元代火铳按一定规格进行成批铸造，同一批火铳的各部尺寸事先都已经设计好了，可严格控制药室的尺寸，保证装药量达到标准，既能保证发射威力，又可提高发射时的安全性能。

赤城明洪武铜手铳，1964年于河北省赤城县出土，现藏于河北省文物研究所。此铳于明太祖洪武五年（1372年）制造，为现存明代最早火铳之一，又名"长铳筒"，《明会典》称之为"手把铜铳"。铳呈细长管状，口径2.2厘米，全长44.2厘米。药室部略外凸，上有点火孔。铳身有4道

闽江口长门炮台一景

加固箍。铳管部阴刻 31 字："骁骑右卫胜字肆佰壹号长铳筒重贰斤拾贰两洪武五年八月吉日宝源局造。"铭文包括使用火铳的卫所名称、编号、铳名、重量和制造年月、制造机构六部分内容，表明当时火器的制造制度已趋完备。骁骑右卫是护卫京城的；宝源局原是明政府铸造钱币的机构，铭文表明宝源局在明初时也曾兼铸火铳。此铳和元代手铳相比，形制没有太大的差别，只是铳管加长了，口径减小了，这样有利于提高火铳的射程。此枪出土时药室里装满火药，铳膛中装有铁砂，表明当时手铳所发射的为散弹，可进行大面积杀伤。

厦门胡里山炮台

古代火器

朱元璋于元文宗天历元年（1328 年）生于濠州（今安徽凤阳），自幼家境贫困。天生聪明过人，胸怀济世安民之志。元末天下大乱，他毅然从军，投靠濠州起义军将领郭子兴。他作战勇敢，计谋超人，因功跃升将官。郭子兴病死时，朱元璋成为义军领袖。朱元璋一直认为打天下离不开火器，曾多方招揽火器人才。有一个名叫焦玉的匠人献上几十条火龙铳。朱元璋命人在军中试射，证实能够洞穿皮革。朱元璋大喜，认为拥有此铳取天下就容易了。于是，他令人大批制造，用以武装士兵。同年六月，他率水陆大军渡过天险长江，南下开辟根据地，不久占领了集庆（今江苏南京），

厦门胡里山古炮台

收降军民五十余万。朱元璋以此为基础，势力渐渐向四周扩张，终于建立了明朝。后来，消灭张士诚和陈友谅两大割据势力时，在关键时刻都是这些火器起了不可替代的作用。

明洪武五年碗口铳，青铜质，铳口呈碗状。重15.25千克，长365毫米，口径较大，体形短粗，铳膛呈直筒形，口内径11毫米，向后逐渐变细，

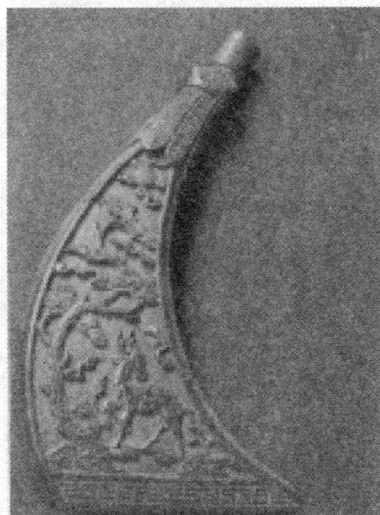

造型精美的火药袋

铳身外壁铸有三周加固箍，铳身镌有"水军
左卫进字四十二号大碗口筒，重二十六斤，
洪武五年十二月吉日宝源局造"和"韩"的
铭文。明何汝宾《兵录》说碗口铳用凳为架，
上加活盘，以铳嵌入两头，打过一铳，又打
一铳。放时，以铳口内衔大石弹，照准贼船
贴水面打去，可击碎其船，最为便利。碗口

古代铜铳

铳主要用于装备水军，是水上作战使用的。

明洪武十年铜铳，1971年于内蒙古托克托县古城墙内发现，现藏于中国人民革命军事博物馆。铳全长435毫米，前膛长290毫米，药室长70毫米，尾銎长75毫米，铳口内壁直径20毫米，重2.1千克。铳身铭文五行："凤阳行府造。重三斤八两。监造镇抚刘聚，教匠陈有才，军匠崔玉。洪武十年月日造。"此铳为明代前期常见的单兵火器，从洪武年间开始大量制造，并用以装备军队。由前膛、药室、尾銎三部分构成。药室上有火门。作战时先将火药由铳口装进药室，再塞入以坚木制成并用以闭气的马子，然后将散子弹装入前膛，用火绳通过火门点火，引燃发射火药，使火药燃烧生成的大量高温气体将子弹推射出膛。此铳有体积小、重量轻、口径小、身管长、射程远等特点。明初所造铜铳，铳身多刻有制造地、制造部门、工匠姓名、监造官员、重量和制造年月等。

原平古炮，明代重型火器。山西省原平县第二中学校园出土，共4门。最小的一门炮长67厘米，后端直径18厘米，炮筒直径14厘米，口径5厘米，重约50千克。比它稍大的火炮长90厘米，后端直径22厘米，炮筒直径18厘米，口径8厘米，重约70千克。

澳门大炮台

中国古代著名火器

另外两门炮较大，尺寸基本相近，长143厘米，外径22厘米，口径8厘米，炮膛深达102厘米，炮身前后各有一个吊环，靠后侧还有用于架炮的一字式撑杆，重约230千克。原平旧称崞州，地处晋北地区。此炮出土有重要的研究价值。

五雷神机，大口径左轮枪，单兵火绳枪，管用铁造，各长1尺5，重5斤，围柄而排，有准星，管内装药2钱，铅弹一枚，共用一个火门，枪管可旋转，点火射击后转到下一火门。此枪为世界最早的左轮枪，是戚继光在北方战线防卫蒙古军队时所发明的。有三眼、五眼、七眼各种规格，一般使用时二人一组，一人支架，转动枪管，一人瞄准射击，

五雷神机

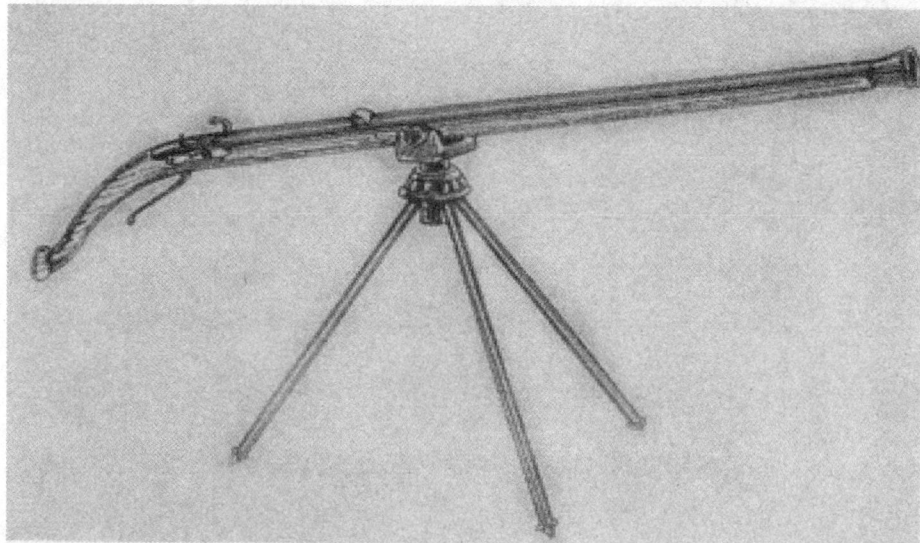

古代火器

射程为 180 米。

　　明代鸟铳，长 2 米，射程 100 米，射速一分钟约 1 发至 2 发。鸟铳是明朝对火绳枪的称呼，清朝改称鸟枪。我国发明的火器在 14 世纪初经阿拉伯传入欧洲后，经过仿造和改进，制成了在构造和性能上都比明代前期火铳优越的新型枪炮，火绳枪即其中一种。火绳枪是用火绳点火的早期金属管身射击武器。明朝嘉靖元年（1521 年），明军在广东新会西草湾之战中，从缴获的两艘葡萄牙舰船中缴获西洋火绳枪。嘉靖二十七年（1548 年），又在追捕侵扰我国沿海双屿的倭寇时缴获了日本的火绳枪。后来，明朝兵仗局仿此火绳枪制成了鸟铳。鸟铳与火铳不同，

明代鸟铳

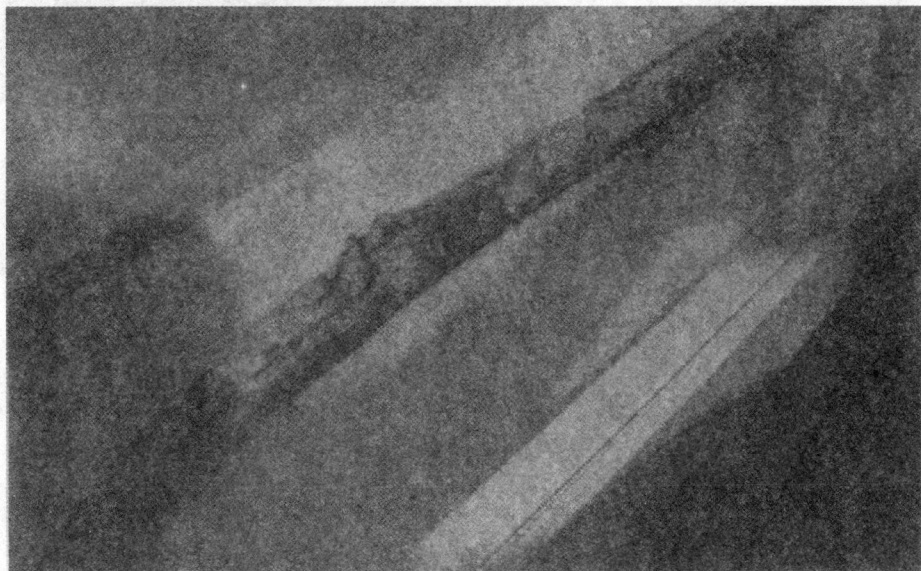

中国古代著名火器

澳门古炮

战国火箭

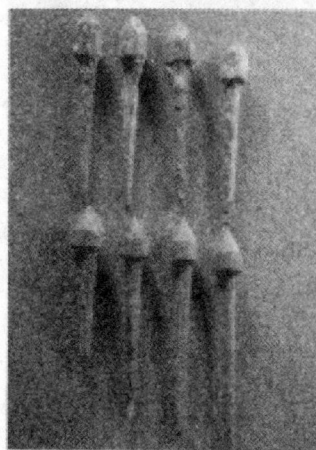

古代火器

铳管前端安有准心，后部装有照门，构成瞄准装置；其次是设计了弯形铳托，起固定作用，发射者可将脸部一侧贴近铳托瞄准射击，增加了命中率；铳管较长，长度和口径的比值约为 50 : 1 至 70 : 1。细长的铳管可以使火药在膛内充分燃烧，产生较大的推力，弹丸出膛后初速大，可以获得较远的射程；发火

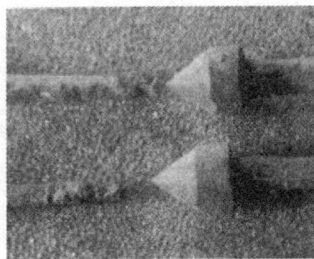

战国火箭

机用火绳作为火源，扣动扳机点火，不但火源不易熄灭，而且提高了发射速度，增强了杀伤力。鸟铳铳管用精铁制作，精铁要用 10 斤粗铁才能炼出 1 斤。用这样的精铁制成的铳管坚固耐用，射击时不会炸裂。制作时通常先用精铁卷成一大一小的两根铁管，以大包小，使两者紧密贴实，然后用钢钻钻成内壁光滑平直的铳管。钻

古炮台上的火炮

铳工艺很精密，每人每天只能钻进1寸左右，大致一个月才能钻成一支。铳管钻成之后再于前端装准心，后端装照门。铳管尾部内壁刻有阴螺纹，以螺钉旋入旋出，旋入时起闭气作用，旋出后便于清刷铳内壁。管口外呈正八边形，后部有药室，开有火门，并装火门盖。完整的铳管制成之后，安装在坚硬的铳床上。铳床后部连接弯形枪托，铳床上安龙头形扳机。

猛火油柜，为最早的火焰喷射器。猛火油即石油。两千年前，我国劳动人民就已发现并使用石油。古代将原油称为石漆，唐代称石脂水，五代时称猛火油。宋代沈括首次提出石油之名。南北朝以后，石油被用于战争中的火攻。宋代，火药用于军事后，发明了世界上最早的火焰喷射器——猛火油柜，并用以装备军队。此柜构造及原理与现代火焰喷射器相似。用熟铜制成方柜，下有4脚，上有4个卷筒，卷筒首大尾细，尾开小窍，大如黍粒，首为圆口，径半寸，柜旁开一孔，卷筒为口，有盖，为注油处。管上横置唧筒，即原始活塞机械，与油柜相通，每次注油1.5千克左右。唧筒前部装有"火楼"，内盛引火药。发

古代火器

猛火油柜

射时用烧红的烙锥点燃火楼中的引火药，使火楼体内形成高温区。同时，通过传导预热油缸前的喷油通道，形成预热区，然后用力抽拉唧筒，向油柜中压缩空气，使猛火油经过火楼喷出时遇热点燃，从火楼喷口喷出烈焰，形如火龙，用以烧伤敌人和焚毁敌方战具。猛火油柜是以液压油缸作主体机构组成的火焰泵，在古代城邑攻防作战中具有巨大威力。猛火油柜形制较大，很笨重，多置于城上，喷火距离为5米至6米。

攻戎炮，车载重炮，车下安两轮，上置车箱，炮身安放其中，加铁箍5道。车厢两侧各有铁锚两个，作战时将铁锚置于地上，

多级火箭

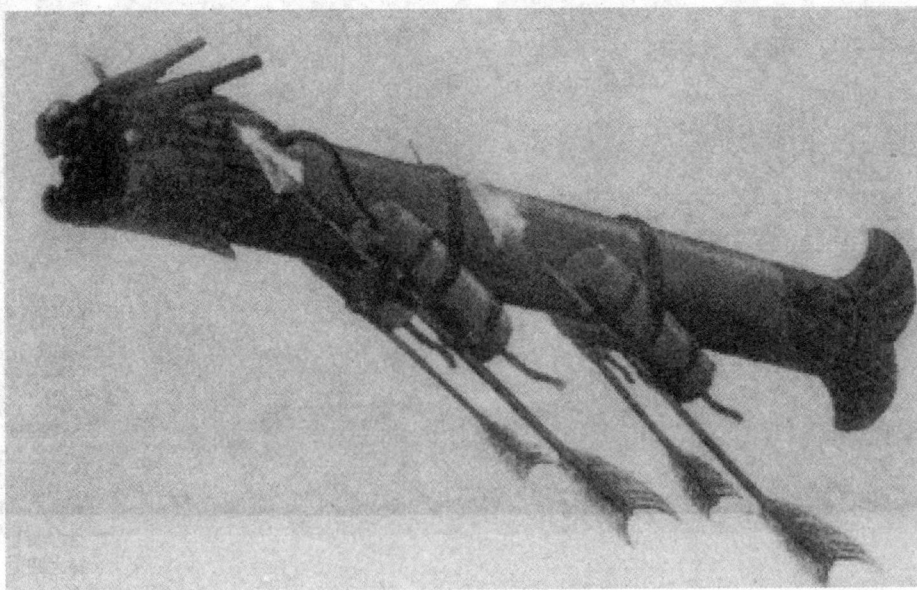

古代火器

古式后膛榴弹炮

用土压实，以减轻后坐力。此炮用骡马拖曳，可随军机动。

火箭，在箭簇的侧边绑上火药筒，筒后有引信，点燃引信，筒里的火药燃烧喷射，产生反作用力，推动火箭射向目标。戚继光在《练兵实纪》中记载了他所创制和使用的飞刀箭、飞枪箭、飞剑箭等三种火箭。它们的箭杆用坚

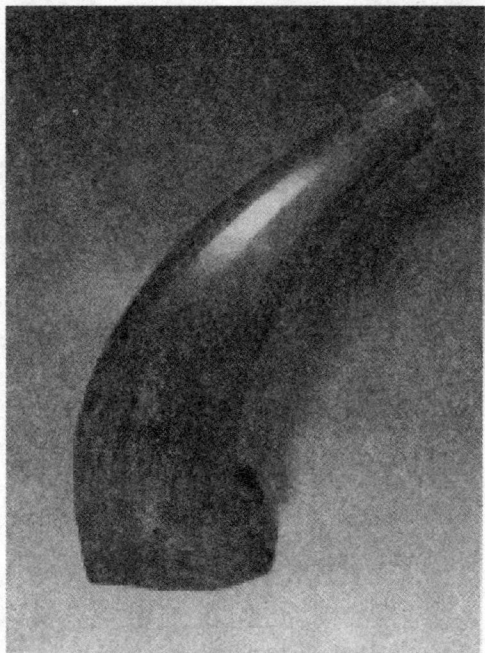

手持三眼铳的明军士兵

明代牛角火药筒

硬的荆木制作，粗6至7分，长6至7
尺；镰长5寸，横阔8分，分别制成刀、
枪、剑形锋刃，能穿透敌兵铠甲。箭
镞后部绑附一个粗2寸、长7至8寸的
火药筒，筒尾有火捻通出。箭尾有羽翎，
以保持箭身在飞行时的平衡。此类火
箭可用于水陆作战。水战时，以有枝
丫之物为架，坚于船舷上，将箭置于
架上，用手托住箭尾，对准敌船，点
燃筒尾火捻，将箭射出杀伤敌船官兵，
射程可达300步。陆战时，步兵用有叉
锋的冷兵器立于地上，以叉锋作发射

架搁置火箭，将火箭射出。

　　水底龙王炮，将火药包装入防水的牛脬中，以香点火作引信，以羊肠通引火线，用羽毛做成浮标，保证引火线不进水。

　　此器为非触发水雷，放在浮于水面的木板上面，木板随波浪上下，水不能灌入，以保证香能正常燃烧。根据到达敌人舰船

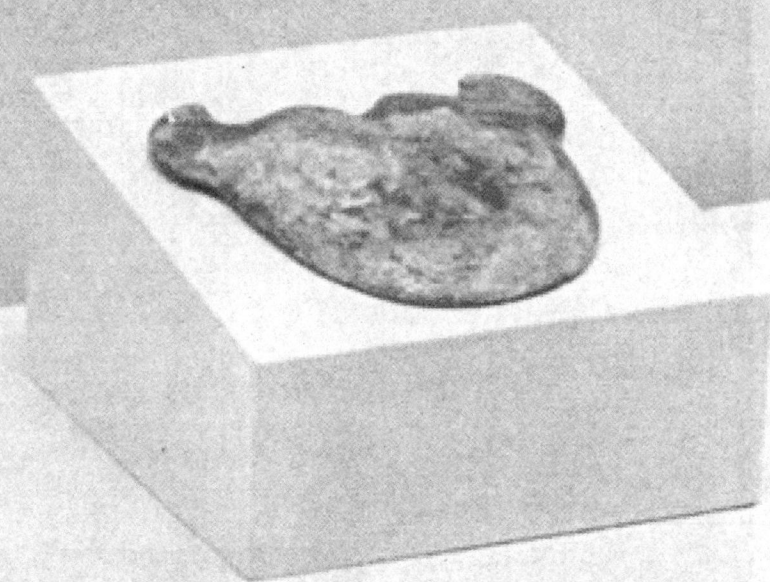

的距离和水流的速度来确定香的燃烧时间，利用水流作为推动力，当接近敌船时，香到火发，出其不意地轰击敌舰。这是戚继光在南方指挥抗倭时发明的。戚继光不仅是一位战功赫赫的爱国名将，同时还是一位杰出的兵器制造专家。他一生在军事上有不少创造发明，其中之一便是这种水雷。南方为水乡，倭寇从海上来，多习水性，常驾船进掠。戚继光针锋相对，为贼船制造了这个克星。

戚继光是明代著名抗倭将领、民族英雄、军事家、武术家。明世宗嘉靖三十四年（1555年），江浙倭患极为严重，朝廷升戚继光为参将，由山东调往浙江，镇守宁波、绍兴、台州三府，抵御倭寇。到浙后，戚继光检阅当地军队，发现军中恶习泛滥，不可能打败倭寇，于是出榜招兵，另建一支新军。不久，一支由义乌农民和矿工组成的三千人铁军组建起来。戚继光对这支军队进行了严格训练，还建立了严酷的军法：如果作战不力而战败，主将战死，所有偏将全部斩首；偏将战死，手下所有千总全部斩首；千总战死，手下所有百总全部斩首；百总战死，手下所有旗总全部斩首；

戚继光画像

古代火器

旗总战死，手下所有队长全部斩首；队长战死，手下士兵如无斩获，十名士兵全部斩首。戚继光还制定了极高的赏格，斩获倭寇时有重赏，每献上一个倭寇首级赏银40两。为此，全军无不死战，直到获胜或战死，而且对倭寇基本上是全部斩杀。但是，戚继光明白，如果只有严酷军法，而无精良的火器，要想打败倭寇和那些亡命徒也是不可能的。于是，郑成功发明并研制了一大批火器。为此，戚家军百战百胜，终于剿灭了倭寇。

仁字伍号大将军炮，现藏于中国人民革命军事博物馆。此炮造于明神宗万历二十年

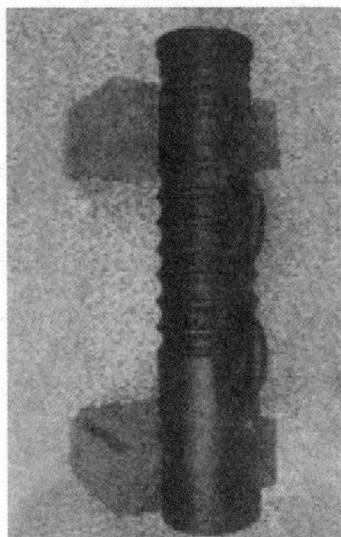

用手点火发射的有筒式火炮

（1592年），长1.45米，口径105毫米，炮身铸有9道加固箍和两个铁环。铭文为"保阵边疆，仁字伍号大将军，巡抚顺天都御史李颐置，整饬蓟州兵备佥事杨植立、整饬永宁兵备佥事杨镐、监造通判孙兴贤，万历壬辰（二十年）孟冬吉日，兵部委官千总杭州陈云鸿造，教师陈胡，铁匠卢保"。此炮为当时比较先进的火炮。明代中期制造了多种形制的大将军铁炮。"大将军"是明、清两代对大型火炮的称呼。此炮引进了西方火器的新技术，炮上装有炮耳、照门、准星。明朝皇帝对于在军队中推广使用火器很重视，朱元璋于洪武十三年（1380年）规定，在军队中按百分之十的比例配备火铳。永乐皇帝在位时，组建了以火器为主的神机营。明朝中后期，十万京军中，已有六万为火器部队。这在当时是一个相当高的比例。直到鸦片战争，清朝军队中的火器部队在全部军队中所占的比例也大体如此。明朝万历年间，朝廷下令兵仗局在三年中仿制佛朗机炮3400门，小铜佛朗机铳50支，铸造大将军炮、二将军炮、三将军炮各数十门，神炮六百多门，神铳一千五百多支。

红夷大炮，此炮陈列于北京袁崇焕纪念

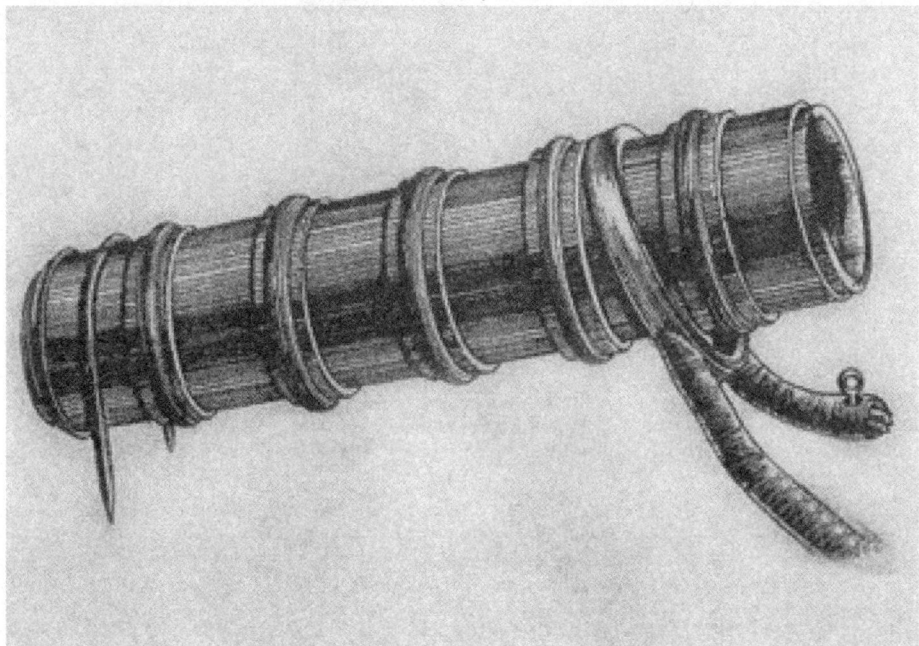

最早的迫击炮

馆，为袁崇焕用过之实物。当年，住在澳门的葡萄牙殖民者从一艘在澳门附近搁浅的英国船上获大炮十二尊，全部卖给中国。明熹宗天启元年（1621年）十二月，首批四门大炮运抵京师。后来，有一门大炮在试射中炸坏，剩余十一门全部发往山海关，归孙承宗调遣。孙承宗又将其调到关外。这种红夷大炮属当时最新改造的英国加农炮，为前装滑膛炮，管长3米，口径1325毫米，炮管长度为口径的24倍。炮身铸有六道加固箍，火门位于炮管后部，尾盖形如覆盂，尾部顶端有球珠，炮管中部两侧各铸一个炮耳，以便将炮安置在架上。炮身铸有

盾形框徽，框中微号下为三艘四桅风帆
艇，上有两顶皇冠及两只雄狮。为英国
东印度公司之物。此炮命中率高，射程远，
杀伤力极大，可调整发射角，性能安全，
为当时欧洲射杀密集、进攻锐利的大炮，
其先进程度比佛郎机炮要高数倍。明代大
科学家徐光启力请多铸西洋大炮，用以守
城。明熹宗采纳其言，在外国教士和技
师指导之下自行铸炮。所铸造的大炮也
封了官，称为"安国全军平辽靖虏将军"，
还派官祭炮。后来，在辽东宁、锦战役
中曾得力于这种大炮。天启六年（1626 年）

古代火炮制造厂

中国古代著名火器

沿海架设的火炮

正月，努尔哈赤率大军十三万围攻宁远，而守将袁崇焕仅有一万二千人。出于爱国之心，袁崇焕不畏强敌，用红夷大炮轰击城外敌军。清军损失惨重，努尔哈赤本人也被炮火击中，身受重伤，不治身亡。

郑成功仿红夷炮，一门略大，一门略小。略大一门炮身总长150厘米，口径8厘米，口沿直径16厘米，尾部直径23厘米，中部伸出一对长5厘米、直径7厘米的圆柱形耳。炮体铸4道环箍，每道环箍均由一粗二细线条组成，清晰规整；略小的一门炮身长128厘米，口径6厘米，口沿直径15厘米，尾部直径21厘米。这种铁炮材质好，

古代火器

结构科学合理，前细后粗，轻便灵活，容易移动，适合作为舰炮用于海战。这是郑成功吸取荷兰先进技术仿制的红夷炮。16世纪初，随着西方海上交通的扩展，西方先进的枪炮开始回流到中国，对中国兵器的发展起了积极的推动作用。明代嘉靖年间，西方传入佛郎机铳；万历年间，又从荷兰传入红夷炮。红夷炮是经过科学设计而制造出来的重型火炮，其外形呈前细后粗状，炮身长度约是口径的20倍，药室火孔处的壁厚约等于口径，炮口处的壁厚约等于口径的一半。郑成功铁炮，其造型、长细比例、各部位尺寸均与红夷炮相近。

中法马江海战遗址

中国古代著名火器

北京故宫的古代火炮台遗迹

郑成功于明熹宗天启四年（1624年）生于日本九州平户。父亲郑芝龙为明朝海商及海盗首领，在中国东南沿海及日本、台湾、菲律宾等海域拥有极大势力。母亲田川氏为日本人，郑成功6岁之前随母亲住在平户，直到父亲郑芝龙受明朝招安，郑成功才被接回泉州读书。崇祯十一年（1638年），郑成功考中秀才。顺治三年（1646年），清军攻克福建，郑成功的父亲认为明朝气数已尽，不顾郑成功的反对，只身北上向清廷投降。这时，清军掠劫郑家，郑成功的母亲为免受辱，切腹自尽。国仇家恨之下，郑成功在烈屿（小金门）起兵反清。康

古代火器

熙皇帝即位后，对郑成功实行封锁政策。郑成功和他的军队断绝了经济来源，面临严重的财政危机，不得不放弃以海岛为基地、反清复明的军事策略，转而进攻荷兰殖民地——台湾。郑成功亲率将士2.5万、战船数百艘，自金门出发，出其不意地在鹿耳门及禾寮港登陆。经过九个月的苦战，终于用重炮打败了荷兰人，结束了荷兰侵略者在台湾的殖民统治。宝岛台湾又回到祖国的怀抱，郑成功成为中国人民心目中的民族英雄。据清朝档案记载，郑成功曾大量仿制与使用红夷炮，大大提高了战斗力，因此才取得驱逐荷兰侵略者、收复宝岛台湾的巨大成功。

神威无敌大将军炮

神威无敌大将军炮，现藏于中国人民革命军事博物馆。此炮为铜质前膛炮，上有铭文"大清康熙十五年（1676年）三月二日造"，炮重1137千克，炮身长2.48米，口径110毫米。筒形炮身，前细后粗，上面有五道加固箍，两侧有耳，尾部有球冠。炮口与底部正上方有星、斗供瞄准用。火门为长方形，每次发射，装填1.5千克至2千克火药，炮弹重3千克至4千克。该炮用木制炮车装载，多用于攻守城寨和野战。

中国古代著名火器

在抗击沙俄的雅克萨自卫反击战中，此炮发挥了巨大的威力，战功卓著。

雅克萨城位于今黑龙江省呼玛县西北黑龙江北岸，自古以来就属于中国。17世纪中叶，沙俄派骑兵远征，侵占了雅克萨，筑室盘踞，赖着不走。康熙十三年（1674年），沙俄甚至将雅克萨编入沙俄尼布楚管区，在色楞河与楚库河汇合处建立色楞格斯克，并利用清廷对"三藩"用兵之时，霸占中国大片领土，抢掠财产，残杀中国百姓和官吏。康熙帝多次派遣使者和沙俄和谈解决边界事端问题，但沙俄一直无理拒绝。为了惩罚侵略者、夺回雅克萨，收复被侵占的大片领土，

雅克萨城遗址

古代火器

康熙决定展开一场反侵略战争。清廷作了充分的准备，在黑龙江地区增设了十个城池，加强了对该地区的管理和战备，调兵遣将，勘察地形，设驿站，储军需，造战船，铸巨炮，并派兵驻扎于爱珲、呼玛尔、额苏里等地。康熙二十二年（1683 年），又在爱珲设黑龙江将军，进一步加强对该地区的管理，以便直接指挥雅克萨作战。这时，神威无敌大将军炮也运到了前线。

康熙二十四年（1685 年）四月，清廷命都统彭春、副都统郎坦、黑龙江将军萨布素率领水陆军三千余人由黑龙江城（今爱珲）出发，5 月 22 日进围雅克萨，通牒俄军撤离。俄军统领托尔布津置之不理，企图负隅顽抗。24 日，从尼布楚增援雅克萨的俄军哥萨克兵乘筏顺江而来，被清军将其大部劈入江中，余众溃逃，清军无一伤亡。同日夜晚，一部清军在城南佯攻，其他清军用神威无敌大将军炮和红夷大炮等火炮从三面轰击，炸死炸伤城内一百多人，摧毁所有城堡和塔楼。次日天明，清军又在城下三面堆积柴草，声言要火攻。托尔布津招架不住，乞求投降，率六百余人撤回尼布楚。沙俄侵略者贼心不死，撤

雅克萨城

中国古代著名火器

清代的威远将军炮

回尼布楚后，又拼凑兵力，于同年八月再次窜到雅克萨，在旧址上筑城堡，四处烧杀中国边民，无恶不作。康熙皇帝闻讯，再次下令，命黑龙江将军萨布素等率军讨伐。康熙二十五年（1686年）六月，清军再次进抵雅克萨城下，用神威无敌大将军等火炮日夜向城内猛轰。俄军胆寒，挖洞穴居，鏖战四昼夜，八百俄军被炸，只剩下百余人，托尔布津也被击毙。接着，清军在城外掘壕围困，截断城内水源，击败了俄军的五次反扑。俄军伤亡累累，最后只剩下二十余人，弹尽粮绝，被迫请求清军解围。康熙二十六年（1687年）夏，俄军残部获准退回尼布楚。沙俄侵略者连吃两次败仗，不得已同清廷签定了《中俄尼布楚条约》，从法律上确定了中俄东段边界。自此，我国东北边疆获得比较长久的安宁。此战，清军若无重炮，是无法制服穷凶极恶的俄军的。

威远将军炮，现藏于中国人民革命军事博物馆。此炮为大口径短身管前装臼炮，铜质，康熙二十九年（1690年）造。重300千克，长690毫米，口径212毫米，前粗后敛，形如仰钟，两侧有耳，以4轮木质炮车承载，发射爆炸弹。炮身铭刻满汉两种文字："大

古代火器

清康熙二十九年景山内御制威远将军，总管监造御前一等侍卫海青，监造官员外郎勒理，笔帖式巴格，匠役伊帮政、李文德。"炮膛明显分为前膛和药室两部分，前膛深 375 毫米，药室深 160 毫米，直径 100 毫米。作战时先将火药装入药室，然后将炮弹放入前膛，弹外用火药填实，再隔一层湿土，最后用腊封炮口。发射时，先从炮口点燃炮弹上引信，再火速点燃火门上引信，炮发子出，迸裂四散，杀伤力极大。此炮在康熙皇帝平定西北部噶尔丹叛乱和清军多次对敌作战中发挥了巨大作用。

尼布楚条约签订的第二年，沙俄又唆使准噶尔部首领噶尔丹进攻漠北蒙古。噶尔丹统治准噶

胡里山炮台的古炮

古代火器

尔部以后，野心勃勃，先兼并了漠西蒙古其他部落，又东攻漠北蒙古。康熙帝派使者到噶尔丹那里，叫他把侵占的地方还给漠北蒙古。噶尔丹十分骄横，不但不肯退兵，还以追击漠北蒙古为名，大举进犯漠南。康熙帝见噶尔丹野心勃勃，只得决定反击。康熙二十九年（1690年），康熙兵分两路远征，亲自带兵在后面指挥。右路清军先接触噶尔丹军，打了败仗。噶尔丹长驱直入，一直打到离北京只有七百里的乌兰布通。康熙帝命令福全反击，噶尔丹把几万骑兵集中在大红山下，阻止清军进攻。清军用火炮、火枪集中轰射，步兵和骑兵一起冲杀过去。叛军被杀得七零八落，纷纷丢下营寨逃走。噶尔

康熙威远将军炮

中国古代著名火器

山东威海刘公岛一景

古代火器

丹见大事不好，急派喇嘛到清营求和。康熙皇帝下令："从速追击！勿中贼人诡计。"果然，噶尔丹求和只是缓兵之计，见清军追击，便带残兵逃到漠北去了。噶尔丹回到漠北，表面向清政府表示屈服，暗地里重新招兵买马，并扬言已向沙俄借到鸟枪兵六万，将大举进军。

康熙三十五年（1696 年），康熙皇帝第二次亲征，兵分三路，约期夹攻。在这次交战中，清军威远将军炮和其他火炮发挥了巨大威力，噶尔丹穷途末路，只好饮药自尽。

清代子母炮，现藏于中国人民革命军事博物馆。康熙二十九年（1690 年），清廷铸造了两种铁质子母炮：一种长约 1.77 米，重 47.5 千克，子炮 5 门，各重 4 千克，装药 110 克，

蛇口赤湾左炮台

中国古代著名火器

狮肚炮台

铁子 250 克；另一种长约 1.93 米，重 42.5 千克，其余同前一种。炮的尾部装有木柄，柄的后部向下弯曲，并以铁索联于炮架。此炮装在四足木架上，足上安有铁轮，可以推拉。使用时将子炮放入母炮后腹开口处，用铁闩固定，然后点燃子炮，弹头从母炮口飞出。上述两种子母炮，开始时使用实心弹丸和小弹子。康熙五十六年（1717 年）后，改用爆炸弹，命中率高，杀伤力大。在康熙皇帝亲征准噶尔叛乱战争中，仅发射三发，即将敌营击毁，而获大胜。清代子母炮是当时较为先进的兵器。引人瞩目的子母炮后端有装置子炮的膛位，配备子炮五枚，可连续发射，因此被称为

古代火器

"清代机关枪"。当初，清兵不重视制造火炮，战斗中主要靠骑射取胜。明军在宁远、锦州守卫战中用火炮重创清军后，清廷才认识到火炮的重要性，开始组建火器部队。康熙初年，因南明政权灭亡，战事减少，曾一度减少制炮。自康熙十二年（1673年）十一月起，云南平西王吴三桂部、广东平南王尚可喜部、福建靖南王耿精忠部三藩相继叛乱。由于他们有数量多、质量好、重达500至600斤的火炮，所以能在数月之中将战火烧遍云南、贵州、湖南、广西、福建、四川等省。叛乱开始后，康熙决定武力平叛，不得不大铸火炮。当年即造成80门，运抵军营，在平叛过程中发挥了巨大作用。康熙三十年（1691年），设立八旗火器营，给每

广西桂林兴安乐满地主题乐园一景

中国古代著名火器

乾隆御用百中枪

名士兵发鸟枪一支，并于每旗设子母炮五尊。由于康熙皇帝的重视，火炮业发展很快，在吸收西方佛朗机炮的先进技术后，对中国古炮进行改进，并重新制造，从而大大提高了炮弹的命中率和杀伤力。

乾隆御用准正神交枪，长 193 厘米，内径 14 毫米，清宫造办处制造。枪管铁质，前起脊，中四棱处有镀金篆文"大清乾隆年制"六字，字周围环镀金卷草纹饰，带有准星和望山，枪口管处饰镀金回纹、蕉叶纹。枪床为高丽木，床下加木叉，叉尖饰角。枪体以二道皮箍加固。枪托镶骨，镌汉字"枪长四尺五寸，重七斤，鞘重五斤二两，药二钱，子重五钱"。

乾隆御用百中枪，长 160 厘米，内径 13 毫米，清宫造办处制造。枪管铁质，前起脊，中四棱处有镀金楷书"大清乾隆年制"六字，镀金蕉叶和回纹，带准星和望山。枪床底部附撑杖一根，加桦木叉，叉尖饰角。枪体以三道皮箍加固。枪托镶玉，镌汉字"百中枪，长三尺六寸，重七斤四两，药二钱，子三钱八分"。

乾隆御用威远枪，长 155 厘米，内径 16 毫米，清宫造办处制造。枪管铁质，前

起脊，后圆镀金楷书"大清乾隆年制"六字，镀金蕉叶和卷草等纹饰，带准星和望山。枪床底部附捌杖一根，床下加木叉，叉尖饰角。枪体以三道皮箍加固。枪托底部嵌玉，镌汉字"威远枪，长三尺四寸，重七斤，药二钱五分，子五钱六分"。

乾隆御用奇准神枪，长 203 厘米，内径 17 毫米，清宫造办处制造。枪管铁质，带准星、望山。枪口管处饰镀金回纹和蕉叶纹，底部附木捌杖一根。枪床为云楸木，床下加桦木叉，叉尖饰角。枪体以四道皮箍加固。枪托镶玉，镌汉字"奇准神枪，长四尺五寸，重九斤二两，药二钱，子五钱"。

太平天国火炮

古代火器

太平天国火炮两门，出土于川鄂交界的竹山县。两门火炮身长均为90厘米，头细尾粗，炮口直径14厘米，炮尾粗17厘米，炮轮直径25厘米，重达25千克。炮架由相连在一起的两个铁轮组成。炮尾点火引桩处铸刻有竖行"太平天国"四个大字；点火处又横刻"天国元年铸"五个小字。此炮十分灵巧，便于携带。早在明代崇祯年间，明朝为抵御满清入侵，从欧洲进口了一批钢炮。这两门火炮外形、结构与从欧洲进口的火炮基本相同，制造时借鉴了当时国内外的先进技术。这两门火炮是当年石达开率部向四川进发时留下的，对研究太平天国历史是十分珍贵的实物

内蒙古博物馆陈列的清代铜火铳

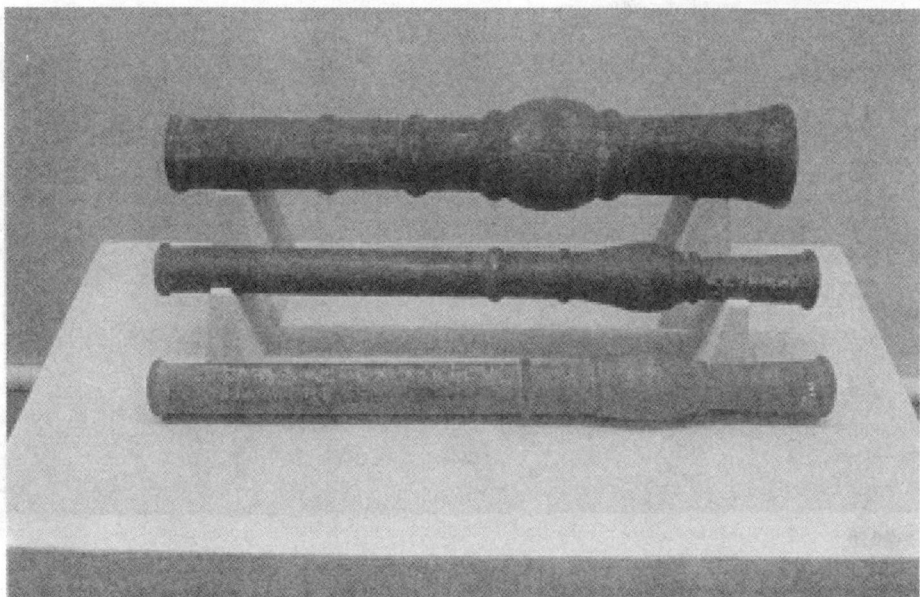

中国古代著名火器

镇海楼古炮

古代火器

资料。

道光十一年（1831年），石达开生于广西贵县（今贵港市）北山一个小康之家。幼年丧父，八九岁起即独撑门户。石达开在务农经商之余，习武修文不辍，13岁时，为人处事已有成人风范。因他古道热肠，轻财好施，常为人排难解纷，故被人尊称石相公。道光年间，官场腐败，百姓陷入水深火热之中。石达开16岁那年，结识了正在广西以传播基督教为名筹备反清起义的洪秀全、冯云山，常常相聚共图大计。三年后，石达开率四千余人参加金田起义，被封为左军主将。太平天国在永安建立后，石达开晋封翼王五千岁，意为羽翼天朝。桂平县有个白沙圩，东临郁江，西与贵县大圩接壤，水陆交通颇为便利，是个较大集镇。为了武装起义军，石达开率千余人在白沙圩开炉铸炮，为太平天国制造了头一批重武器。石达开是一位有远见卓识的军事家，在武器装备敌强我弱的状况下，及时铸炮，为攻克南京做好了准备。

神威无敌大将军炮，1975年在齐齐哈尔建华机械厂的废铁堆中被发现，现藏于黑龙江省博物馆，为国家一级文物。铜炮，

石达开像

中国古代著名火器

113

故宫火炮

炮口外径 275 毫米，内径 110 毫米，炮筒前细后粗，最粗处外径 345 毫米，全长 2480 毫米，重达一吨。炮身中部有双耳，炮尾呈球形。可装药 2 千克。炮膛内还有一枚实心炮弹，炮弹直径 90 毫米，重 2700 克。炮身有"神威无敌大将军""大清康熙十五年三月二日造"满汉两种文字。此炮与北京中国人民革命军事博物馆所藏"神威无敌大将军炮"为同一批制造者。

古代火器

五 火器的保养

青铜火炮

出土铜火器进入库房后，会出现新生绿锈，急需做抢救性保护处理：去除锈蚀物及潜伏的氯离子，然后进行缓蚀处理，最后进行封护处理。

在实施保护处理前，一定要对火器的原始状况进行记录。文字记录包括火器尺寸、表面状况，然后进行摄影，为以后的保护处理及研究提供科学的资料和数据。

对出土后火器上新生成的结构疏松的绿色粉状锈要完全剔除。可采用局部除锈法，即用脱脂棉蘸 1％ BTA+2％ H2O2 溶液敷在需去除的部位，要经过一段时间，令其发生作用，但不要等脱脂棉上的溶液干燥，即进行机械剔除；然后更换浸液棉花，反复操作，直至锈蚀物剔除，效果满意为止。在实际操作中，当脱脂棉敷在锈蚀物上时，会立即出现絮状物。这是锈蚀物内的 CuCl 与试液中的 H_2O_2 发生剧烈氧化还原反应的结果。由于 H_2O_2 在有金属离子存在的条件下会加速分解，而其中的 BTA 能防止铜器表面过分氧化，因而 BTA-H_2O_2 溶液对铜器表面不会有影响。

通过上述处理后，仍会有小部分锈不能去除，可改用 5% 柠檬酸处理，效果会很好。这是由于柠檬酸能与锈蚀物中的二

大成殿前的清代古炮

火器的保养

价铜发生反应，形成稳定的化合物。但柠檬酸对铜器基体的腐蚀性高，不宜过多使用。否则，处理过的铜器表面与其他尚未处理部分的颜色反差会很强烈。

不论用什么药剂处理，最后都要用蒸馏水清洗，把器物上残余的药剂去除干净。

去掉全部锈蚀物后，可先用 0.5% BTA+0.5% Na_2MoO_4+5% $NaHCO_3$ 复合缓蚀溶液浸洗，然后用蒸馏水喷洗，最后用 95% 酒精作脱水处理。这样既能去除潜伏的氯离子，又能去除器表的泥沙和尘埃。

接着，要选用苯并三氮唑（BTA）进行缓蚀处理，将 2% BTA 乙醇溶液用毛刷均匀涂刷在铜火器表面，然后干燥。BTA 与铜反

古炮

古代火器

广东省东莞虎门炮台

应后生成的保护膜可隔绝空气、水汽，抑制腐蚀。由于 BTA 有毒，要求操作环境通风良好，操作人员要戴上手套和防毒面具。

最后，要对火器进行保护工作，可选用氟碳材料涂刷铜火器内外壁，使其形成一层保护膜，从而有利于铜火器的长期保存。保护膜外观平整、光滑，呈半透明状，附着力好，耐久性好，能防潮、防水、防锈，而且不影响文物外观。

铜火器的保护要严格遵守科学保护原则，并要有详细的记录存档，为今后

火器的保养

澳门炮台

长期保存和研究创造条件，也能为今后的保护工作积累实践经验。

古代火器